人事担当者のための

ハラスメント防止研修ハンドブック

ハラスメント防止研修の
準備 実践 研修後まで

ヒューマン・クオリティー代表取締役
樋口ユミ

朝日新聞出版

はじめに

労働施策総合推進法（パワハラ防止法とも呼ばれています）の施行に伴い、どの会社、組織においてもハラスメント防止のための体制をしっかりと整え、実践することは義務となりました。

最も分かりやすく啓発として伝えていく方法は「ハラスメント防止研修」です。いざ、社内でハラスメント防止研修を実施しようとなったとき、どうしたらよいか人事担当者の方は迷うかもしれません。もちろん、私のような外部の専門講師を招くのも一つの方法です。しかし、自社の担当者として直接メッセージを伝えることもとても大切です。

本書は、社内の担当者としてハラスメント防止研修のトレーナーを務める際、どのような準備をしてどのように実践すればよいか、実践中の難しさをどうクリアして特に大事な事後のフォローをどうしていくのかという疑問に答え、研修構成の方法論だけではなく「ハラスメントの知識」から「準備・研修・フォロー」までを理解して、より良い実践、より良い組織づくりの参考にしてもらいたいと思い、執筆しました。

「よし、やってみよう！」という方から「私には無理……」という方まで思いはさまざまかもしれません。特に研修の準備、実践では思うようにならないことも多いものです。そのため本書は次のような構成にしました。

序章ではハラスメントに関する基礎知識を研修トレーナーとしてご理解いただけるように「必ず知っておきたい基礎知識」について触れています。

第1章では法律をベースとしながらも実際に起きうる事例をあげ、パワハラ、セクハラ、マタハラだけでなく、さまざまなハラスメントを紹介しています。これらを研修中に紹介する事例として活用してもよいでしょう。

第2章は研修設計前の準備です。就業規則や相談窓口の設置などと並行して、準備すべきさまざまなことを紹介し、研修トレーナーの役割も確認していきます。

第3章は研修の準備、実践編です。おおよそ2時間の研修を階層別に実施することを想定して、どのような組み立てで行うか具体的に解説しています。

第4章は想定外の研修中の出来事や質疑応答などにどう対応するかについて紹介しています。

そして第5章は研修後の大切なフォローについてです。

本書を通して、皆様の会社からハラスメントがなくなることを心より願っております。

目次

第2章

研修の設計を始める前に

第3章

研修を設計する

準備編

実践編

第4章 スムーズに研修を進めるために

第5章

研修後のフォローアップ

序章

ハラスメントに関する基礎知識

ハラスメントは人権に関わる、あってはならない問題

相手を悩ませ、困らせ、苦しめるもの

ハラスメントという言葉は広く社会に浸透していますが、その概念をどのように説明したらよいでしょうか。ハラスメントの元となる「harass（ハラス）」は「しつこく悩ませる」という意味の英単語です。一般的に「嫌がらせ」「いじめ」と訳されていますが、研修では「相手を悩ませ、困らせ、苦しめるもの」と表現しています。フランス語では狩りで獲物を見つけたときに猟犬をたきつけるための掛け声が語源になっているとも言われ、理不尽な言動により〝相手を追い詰めること〟と捉えると、ハラスメントの概念をイメージしやすいかもしれません。

※厚生労働省「令和２年度 職場のハラスメントに関する実態調査」

多様な価値観を持つ人が集まる組織や集団では、さまざまなハラスメントが起こり得ます。厚生労働省による令和2年度の調査（※）によると、職場でハラスメントを受けた経験がある人の割合は、パワーハラスメントが31・4％、マタニティハラスメントが26・3％、セクシュアルハラスメントが10・2％と、ハラスメントに対する認知が広がったため、平成28年度の前回の調査からはやや減少していますが、依然として多くの人がハラスメントに悩まされていることが分かります。

職場でのハラスメントには暴力や暴言、身体的接触といった直接的な行為だけではなく、無視をする、無理な要求をするなど間接的なものも含まれます。また社会環境の変化により、ロジックハラスメント、エイジハラスメント、リモートハラスメントといった新たなハラスメントも増えています。これらは他者を尊重する気持ちの欠如や、コミュニケーション不足が原因になっている場合が多く、改善には一人ひとりが意識を変えることが大切です。そして何より、精神的・身体的な苦痛を与え、人格や尊厳を傷つけることは人権に関わる重大な問題であり、決してあってはならないものなのです。

米国から世界に広がったセクハラ
日本で誕生した言葉パワハラ

パワハラの相談件数は現在も増え続けている

令和の時代に生きる私たちが、ハラスメントに関するニュース報道に接する機会は珍しくありません。日常的にたくさんの情報に触れているということは、看過してはならない社会問題として認知が浸透している証だとも言えます。

セクハラという言葉が生まれたのは1970年代のアメリカです。1976年の裁判で初めてセクハラが性差別行為に当たるという判決が出され、1980年に雇用機会均等委員会がガイドラインを策定。被害者が法的に保護されるようになりました。〝日本初のセクハラ裁判〟が開かれたのは1989年で、メディア

※厚生労働省「令和4年度個別労働紛争解決制度の施行状況」

でも大きく取り上げられ、セクハラという言葉が「新語・流行語大賞」の新語部門賞に選ばれています。2007年には男女雇用機会均等法の改正によって、事業主にセクハラ防止のための配慮をすることが義務付けられました。マタハラも男女雇用機会均等法や育児・介護休業法で禁止されており、2017年に妊娠・出産、育児休業、介護休業等に関する上司・同僚からの職場でのハラスメントの防止措置を講じることが、事業主に義務付けられています。

一方、パワハラは日本で生まれた造語です。2001年に民間企業によって提唱され、職権をはじめとする「さまざまな〝力〟を背景にしたハラスメント」という概念は一気に広がりました。2012年には都道府県別労働局などに設置されている「総合労働相談コーナー」への相談内容で「いじめ・嫌がらせ」が第1位（※）となり、厚生労働省の「職場のいじめ・嫌がらせ問題に関する円卓会議ワーキング・グループ」により職場でのパワハラ予防と解決に向けた提言がまとめられました。しかしながら、パワハラの相談件数は現在も増加傾向が続いています。2022年度の調査では6万9932件で11年連続最多の相談が寄せられ、企業にとって対処すべき重要な課題となっています。

「パワハラ防止法」が施行され、すべての企業に対策を義務化

ようやく「パワハラ防止のための指針」が誕生

日本の大企業がパワハラ対策に本腰を入れる転機となったのが、2020年に施行された「労働施策総合推進法（パワハラ防止法）」です。法律に基づいて厚生労働省がパワハラ防止のための指針を定め、事業主に「雇用管理上必要な措置をとること」が義務付けられました。すでにセクハラやマタハラについては、男女雇用機会均等法や育児・介護休業法で「雇用管理上必要な措置」をとる義務があったのですが、ようやくパワハラにも明確な規定が設けられたのです。さらに2022年4月1日、法律の適用対象が中小企業に拡大。これを機に企業の姿勢

も大きく変わりました。

パワハラ防止のための指針では、企業方針や社内ルールを明確化して従業員に周知すること、相談体制を構築して迅速に対応すること、相談者や行為者のプライバシーを守ることなど、「雇用管理上必要な措置」が詳しく明記されています。罰則規定はありませんが、違反していると判断された企業には厚生労働省が助言や指導、是正勧告を行い、従わない場合は社名を公表される可能性もあります。

パワハラ対策の義務化によって、研修会の実施や相談窓口の設置など企業も具体的なアクションを起こしています。前頁で紹介したパワハラ相談件数の増加にも、パワハラに関する理解と周知が進み、声をあげやすくなったという側面があるのかもしれません。とはいえ、法律で明確に罰則を規定しているヨーロッパ諸国と比較すると、日本の現状は十分とは言い切れません。2019年にILO（国際労働機関）（※）総会で採択された「仕事の世界における暴力及びハラスメントの撤廃に関する条約」の批准《ひじゅん》にも、日本政府は慎重な姿勢を示しており、日本のパワハラ対策を〝世界基準〟に押し上げるためには、研修などの社内教育を通じて、事業主や従業員の意識を変革していくことが大切です。

※国際連合の専門機関。主な活動は、国際労働基準の設定・監視、社会労働分野の開発協力など

被害者や加害者、そして組織にも重大な影響を及ぼす職場のハラスメント

ハラスメント防止は企業の重要なリスク管理

職場でハラスメントを受けると業務に集中することができず、本来の能力を発揮することが難しくなります。そのような状況が続けばミスが重なり、その場にいることを苦痛に感じるようになって、仕事へのモチベーションを維持できなくなってしまうのは当然です。また日常的なハラスメントで心身の健康状態が損なわれれば、会社を休みがちになり、苦しみから逃れる手段として退職という選択をせざるを得ないかもしれません。PTSD（心的外傷後ストレス障害）（※）に悩まされ社会復帰が困難になることも考えられ、職場のハラスメントは退職後も被害

※強い衝撃を受けた後、その出来事がトラウマになり、フラッシュバックなどの症状が続く精神疾患

者の心を深く傷つけ、その後の人生に大きなダメージを与えます。また、最悪の場合は被害者が自死してしまうこともあるのです。一方、ハラスメントの加害者として懲戒処分を受けると、減給や降格などの処遇への影響や、昇進・昇格などキャリアアップの障壁になることが想定されます。場合によっては解雇や、裁判で法的責任を問われる可能性もあるでしょう。仮に懲戒処分や裁判に至らなかったとしても、会社や周囲からの信頼を失ってしまうことは避けられません。

被害者になっても加害者になっても、大きなダメージを招く職場のハラスメントですが、組織に及ぼす影響という視点も見過ごすことはできません。例えばハラスメントにより休職者や退職者を生むことは、企業にとって大切な人材を失うことに他なりません。また厚生労働省による是正勧告の対象となって社名を公表されれば、企業イメージが悪化して採用力も低下。万が一、訴訟になれば法的責任を問われ、多額の損害賠償を請求されることもあります。そのようなことが起これば組織としての評価や価値も大きく失墜。SNSを介して瞬く間に情報が拡散される時代ですから、取引停止や不買運動、株価の下落といった事態を招きかねません。企業にとってハラスメント防止は重要なリスク管理だと言えます。

ハラスメントが起きやすい職場には共通する特徴が存在している

放置すると連鎖していくハラスメント

ハラスメントが起こりやすい職場には共通点があります。厚生労働省が行った調査（※）によると、セクハラ・パワハラともに最も多かったのは「上司と部下のコミュニケーションが少ない／ない」こと。次いで「残業が多い／休暇を取りづらい」「業績が低下している／低調である」「従業員の年代に偏りがある」「失敗が許されない／失敗への許容度が低い」という傾向が並び、セクハラには「ハラスメント防止規定が制定されていない」「女性管理職の比率が低い」といった特徴も上位にあげられています。

※令和２年厚生労働省委託事業「職場のハラスメントに関する実態調査報告書」

調査結果から見えるのは、ハラスメントが企業風土と密接に関連しているという点です。多くの人は上司からの指示に過度なプレッシャーを感じると、責任感から部下への指導や評価が厳しくなってしまい、コミュニケーションも一方通行になりがちです。そんな風通しの悪い職場には自由に意見を言いやすい雰囲気などなく、そこにハラスメントの〝芽〟が生まれます。企業として利益や生産性向上を追求するのは大切ですが、組織の目標を重視するあまり、従業員の人権を尊重する意識がおろそかになっては本末転倒と言わざるを得ません。

また調査回答に並んでいる職場の特徴は、一つひとつが独立しているのではなく、「失敗が許されないから上司への相談を躊躇《ちゅうちょ》してしまう」「業績が下がっているから休暇を取りづらい」など相互に結びついているものです。他人ごととして見て見ぬふりをすれば周囲に飛び火し、新たなハラスメントを生むかもしれません。ハラスメントはいくつかの要因が重なることで、当事者から周囲へ、そして別のハラスメントへと連鎖する危険性をはらんでおり、放置すると何もよい結果を生み出しません。誰もが被害者、加害者、目撃者という名の傍観者になってしまうことを肝に銘じて、できるだけ早くその〝芽〟を摘むことが大切です。

自分中心の思い込みを捨てることがハラスメント防止の第一歩に

立場や世代の違いによってハラスメントの認識は異なる

職場のハラスメントが減らない理由の一つに、加害意識の希薄さがあります。とりわけパワハラにおいては、被害者が受けるショックの大きさに比べて行為者の加害意識が驚くほど小さく、「会社や上司の指示を受けているのだから、『とにかくやりなさい!』と部下を叱咤激励するのが自分の役割。なぜそれがパワハラになるの?」と考える人も少なくありません。こうした〝思い込み〟は、すべての判断基準が自己中心的になっていることから生じます。他者に思いが至っていないため、業務が思い通りに進まないと苛立ち、「どうしてできないのか」「あなたにこの仕事は任せられない」など不適切な言葉を発してしまうのです。そこには「自分の言動を相手がどのように受け止めるだろう」という視点が決定的に欠けています。

適切な指導とハラスメントの境界にある〝グレーゾーン〟の存在も、ハラスメント防止を難しくしている理由の一つです。業務を円滑に進めていくために部下を指導することは上司の大切な役割です。ただ、ハラスメントは立場や世代の違いなどさまざまなギャップから生まれ、価値観が違えばハラスメントだと感じる範囲が異なるのは当然のことでしょう。社会は常に変化しており、10年前には問題とされなかったものも、今は許されないという言動も増えています。

重要なのは垂直軸（上司と部下）に加えて、水平軸（職場の仲間）の関係性を意識すること。「これくらいは大丈夫だろう」という思い込みを捨て、「相手を傷つけてしまうかもしれない」と考えることがハラスメントを防ぐための第一歩になります。そのためには常に自身の言動を省みて、部下や職場の仲間の声に耳を傾け、丁寧なコミュニケーションを心がけることが不可欠。自分を変えることはできるのです。

COLUMN

世代で異なるパワハラ傾向

ハラスメントの理解に影響している 社会や学校教育の変化

ハラスメントに対する意識の違いは、社会環境や学校教育の移り変わりと深く関係しています。例えば、とある日本の企業は朝礼を行ったり、企業理念を唱和したり、今も昔ながらの慣習を引き継いでいます。上司の命令は絶対、上意下達のコミュニケーションはパワハラの“芽”にピタリと重なります。一方で現在の40歳前後を境に、そのマインドは分かれると感じています。これは教育のあり方が「競争主義」から「平等主義」に変化したことが要因でしょう。

もちろん40歳以下の人がパワハラをしないわけではありませんが、新しい教育を受けてきた若手の管理職層は、昭和世代の管理職層に比べ、分かりやすいハラスメントはしないという印象を受けます。しかし、グレーなハラスメントをしたり、必要以上に他人の目を気にしすぎるという傾向も感じています。

社会や企業に受け継がれる風土を変えるのは容易ではありません。それでも、背景を知ることでハラスメントをなくすための一歩を踏み出す方向が見えてくることを、研修トレーナーは心に留めておきたいものです。

第1章

職場で起こるハラスメント

二つの類型に分かれるセクシュアルハラスメント

セクハラは受け手がどう感じるか

職場で起こる代表的なハラスメントの一つがセクシュアルハラスメント（セクハラ）です。厚生労働省は職場でのセクハラを「対価型」と「環境型」の2類型に分けています。

対価型のセクハラは、労働者の意に反する性的な言動や要求を拒否したことで、解雇、降格、減給などの不利益を受けることを指します。例えば「営業車の中で上司に身体を触られ、抗議をしたら転居が必要な事業所に異動させられた」といった行為が該当し、非正規雇用者が労働契約の更新を拒否されることも対価型に含まれます。

一方で環境型のセクハラは、労働者の意に反する性的な言動によって職場環境が不快なものとなり、能力の発揮に支障が生じることを指します。「同僚や取引先にありもしない異性関係の噂を流され、周囲の目が気になって仕事が手につかなくなった」という状態は典型的な環境型ハラスメントになります。

相手の「意に反する」性的な言動が発端になるという点で、セクハラの捉え方はその他のハラスメントと比較して明確です。つまり、受け手がどう感じるかが重要であり、「不快だ」「嫌だ」という感情を抱かせてしまった時点で、その言動はセクハラに当たる可能性が高いと考えるのが社会一般の共通理解と言えるでしょう。その理由も明快で、セクハラに該当する行為は、仕事とは直接的な関係がないため。業務を進めるうえで性的な冗談やからかいは必要がありませんし、不必要な接触を繰り返したり性的な関係を迫ったりするなどもってのほかです。

セクハラは女性が被害者となるイメージがありますが、男性社員に彼女がいないことをしつこくからかえば、男性が被害者になるケースもあります。世代による差もありますが、「男性はこうあるべき」「女性なのだから」という性別役割分担意識は根深く存在しています。そうした思い込みを捨てることが、不用意な発言や行為を抑止し、職場でのセクハラをなくすことにつながります。

職場の三大ハラスメントの一つ、マタニティハラスメント

マタハラは思いやりや想像力が持てないときに起きる

職場の三大ハラスメントの一つにあげられるマタニティハラスメント（マタハラ）も、セクハラと同様に二つの類型に分けられます。

一つは出産・育児に関連する制度利用に際して解雇や降格を示唆したり、制度利用そのものを阻害したりする「制度等の利用への嫌がらせ型」です。例えば育児休業の取得を申し出た男性社員が、上司から「男が育児休業を取るなんて信じられない」と言われ、取得を断念せざるを得ない状況に追い込まれることが該当します。

もう一つは「状態への嫌がらせ型」で、出産・育児により就労状況が変化したことに

対する嫌がらせ行為です。具体的には上司に妊娠を報告したところ、「妊婦はいつ休むか分からないから」と言われ、本来の業務とは関係のない簡易な仕事ばかりをさせられることが「状態への嫌がらせ型」に当たります。また、近年になって相談件数が増えている介護ハラスメント（ケアハラスメント）も、介護休業の取得を認めなかったり、制度を利用したことで嫌がらせをするなど、マタハラと同じ二つの類型が当てはまります。

2017年にマタハラ対策がすべての事業主に義務化され、妊娠や出産、育児休業や介護休業の取得を理由に、解雇や減給、異動といった不利益な扱いをすることは、男女雇用機会均等法や育児・介護休業法で明確に禁止されました。法制化によってあからさまな制度利用への嫌がらせは減少しているかもしれません。しかし急な欠勤や早退、時短勤務によって仕事の負担を強いられた同僚からの〝陰口〟や〝嫌み〟など、状態への嫌がらせは依然として減っていないように感じます。また、男性の産休育休取得者も増えはじめているため、男性に対するマタハラの防止意識の向上も必要です。

マタハラやケアハラの背景にも「育児や介護は女性の仕事」という性別役割分担意識があると言われますが、制度を利用する側も「ありがとう」と感謝の気持ちを伝えることで、感情の〝すれ違い〟は防ぐことができるでしょう。

適切な指導との境界があいまいなパワーハラスメント

6類型の中で最も多い「精神的な攻撃」

職場のハラスメントで最も相談件数が多いのがパワーハラスメント（パワハラ）です。厚生労働省は職場のパワハラについて「①優越的な関係を背景とした、②業務上必要かつ相当な範囲を超えた言動により、③労働者の就業環境が害されるもの」と説明したうえで、①～③までの三つの要素をすべて満たすものと定義しています。分かりやすく言い換えるなら、同じ職場で働く人に対して「地位や人間関係を利用し、社会一般に不適切だと考えられる方法で、精神的・身体的な苦痛を与えること」となるでしょう。

職場のパワハラに該当する言動は「身体的な攻撃」「精神的な攻撃」「人間関係からの

切り離し」「過大な要求」「過小な要求」「個の侵害」の6類型に分けられます。なかでも問題視されているのが「精神的な攻撃」で、厚生労働省が令和2年度に実施した「職場のハラスメントに関する実態調査」では、6類型の中でも飛び抜けて高く74・5％。2番目に多い「人間関係からの切り離し（20・6％）」を大きく引き離しています。具体的には、ミスをした部下を無能扱いしたり、同僚の前で人格を否定するような侮辱発言をしたり、必要以上に長時間にわたって執拗に叱責する、といった行為が「精神的な攻撃」型のパワハラに当たります。

業務とは直接的な関係が少ないセクハラとは違い、パワハラは適切な教育や指導との境界があいまいで、捉え方が難しいことが特徴です。セクハラは相手の受け止め方が重視されますが、パワハラは行為を受けた側が不快に感じただけでは〝成立〟せず、その言動が客観的に見て「業務上の適正な範囲」を逸脱しているかどうかがポイントになります。とはいえ、適切か不適切かの判断には、行為者、受け手、目撃者それぞれの主観が深く関わり、前後の状況や企業風土によっても異なるもの。特にグレーなケースに対応する明確な〝パワハラ基準〟の設定は難しいと言えるでしょう。ただし今は、グレーなものも職場では問題であると捉えるようになってきています。

もちろん暴力や脅迫など法律に反するハラスメント行為は許されません。一方で部下を指導し、成長を促すことは上司の重要な役割です。大切なのはその中間に位置するグレーゾーンへの対処法です。例えば、ミスをした部下に対し「ここが間違っているのではないでしょうか？」と指導をすることと、同僚にも聞こえる大きな声で「なぜこんな失敗をしたんだ！　だからあなたはダメなんだ！」と叱責することでは、受け手の感じ方が大きく異なります。人格を否定されるような言葉を繰り返し投げかけられれば誰もが傷つきます。しかし「業務上の適正な範囲」での指導はパワハラではありません。最近では「パワハラを恐れ部下に注意をしづらくなった」という声も耳にしますが、重要なのは自身の言動が不適切なものになりうると自覚すること。できる限り適切な方向に意識のベクトルを向けることが、職場からパワハラをなくすことにつながります。

またパワハラに限らず「職場のハラスメント」における〝職場〟には、取引先との打ち合わせ、通勤時や営業先への移動中、懇親会など宴会の場、ＳＮＳでのやりとりなどが含まれること、そして〝労働者〟には契約社員やパートタイム従業員が含まれることもしっかりと心に留めておきたいもの。さまざまな場面にハラスメントは潜んでいます。

それでは、職場で起こるさまざまなハラスメントを事例とともに見ていきましょう。

セクシュアルハラスメントの類型

1. 対価型 セクシュアルハラスメント	労働者の意に反する性的な言動に対して拒否や抵抗をしたことにより、その労働者が解雇、降格、減給される、労働契約の更新が拒否される、昇進・昇格の対象から除外される、客観的に見て不利益な配置転換をされるなどの不利益を受けること
2. 環境型 セクシュアルハラスメント	労働者の意に反する性的な言動により労働者の就業環境が不快なものとなり、労働者の能力発揮に重大な悪影響が生じるなど、その労働者が就業するうえで見過ごせない程度の支障が生じること

マタニティハラスメントの類型

1. 制度等の利用への 嫌がらせ型	出産・育児・介護に関連する社内制度の利用に際し、当事者が利用をあきらめざるを得ないような言動で制度利用を阻害する行為
2. 状態への嫌がらせ型	出産・育児などにより就労状況が変化したことなどに対し、嫌がらせをする行為

パワーハラスメントの類型

1. 身体的な攻撃	殴る、蹴るなど、体に危害を加える
2. 精神的な攻撃	脅迫や名誉毀損、侮辱、ひどい暴言など、精神的な攻撃を加える
3. 人間関係からの切り離し	隔離や仲間はずれ、無視など、個人を疎外する
4. 過大な要求	業務上明らかに不要なことや遂行不可能な業務を押しつける
5. 過小な要求	業務上の合理性がなく、能力や経験とかけ離れた程度の低い仕事を命じる、仕事を与えない
6. 個の侵害	私的なことに過度に立ち入る

※厚生労働省／パワハラ対策についての総合情報サイト「あかるい職場応援団」より作成

パワーハラスメント
1

ミスを繰り返す部下に資料を投げつけて叱責 時間外のメールも要求

行きすぎた指導が部下を追い詰める結果に

建築関係の会社に勤めるA課長（男性）は、部下への厳しい指導で有名でした。係長だった10年ほど前に部下が不正行為を働き、監督責任を問われたことを機に「二度とミスはできない」と強く考えるようになったのです。A課長は部下に対して緻密でボリュームのある作業を求め、休日出勤せざるを得ない状況に追い込むことも珍しくありませんでした。

また同社では他社との激しい競争もあり、残業や勤務時間外のメールのやりとりが常態化。A課長自身も常にスマートフォンで会社のメールをチェックし、たとえ深夜であっても、すぐに返信して情報共有することを心がけ、部下にも同様の対応を求めていました。次第にA課長の厳しい指導はエスカレートしていき、ミスを繰り返す2人の部下に対して「お前、こんなこともできないのか！」と資料の束を投げつけて叱責するようになっていったのです。

やがて部下の1人が厳しい指導についていけなくなって退職。もう1人の部下も精神的な不調を訴え、休職する事態となりました。ところが休職中も「復帰はいつになるのか？」というメールが頻繁に届き、返信できないでいると「迷惑をかけているのだから返信くらいしなさい」「仕事への責任感が欠けているんじゃないか」とA課長の〝指導〟はより過激に……。さらに驚くべきことに、そのメールは課の同僚たちにもCCで送られていました。

休職中の部下はたまらず管理部に相談。A課長は懲戒処分となり他部署に異動となりましたが、部下が職場復帰するまでには、さらに長い時間を必要としました。

不適切な言動に注意！

資料の束を投げつけることは「身体的な攻撃」、勤務時間外・休職中にメール返信要求や同僚へのCC送信する行為は「精神的な攻撃」に該当。

不適切な対応

A課長の言動には多くの問題が含まれています。まず社員に「休日出勤せざるを得ない状況」になるほどの業務を担当させていることが問題の根底にあります。また、たとえ部下の士気を高める目的があったとしても、厳しい口調で叱責したり、物を投げつけることは「適切な指導」の範囲を完全に逸脱しています。

就業時間外にメールを送り、返信を半ば強要していることも相手を精神的に追い詰める行為です。さらに精神的な不調で休職している部下に対し、同僚にも分かるように「責任感に欠ける」と追い打ちをかけるのは、より悪質なパワーハラスメントと言えます。

適切な対応

部下のスキルや経験を考慮して、適切な質・量の仕事を割り振るのが上司の役割です。部下が「緻密でボリュームのある作業」を無理なくこなすことができるのか。A課長は事前にじっくりと検討するだけではなく、日常的に部下の様子を観察する必要があります。

「負担がかかりすぎていませんか？」と直接問いかけるのもよい方法です。たとえ他社との競争に重圧を感じていても常に冷静に対応し、人格を否定するような言動、就業時間外の連絡は慎みましょう。やむを得ない理由で休職している部下には仕事の心配はしないで、しっかりと休養するように勧めましょう。

加害者・被害者・傍観者にならないためには

A課長は過去の苦い経験から二度とミスはできないと考えていますが、その強い気持ちが空回りしてしまったようです。パワハラの加害者にならないためには、自己中心的な考え方をやめ、周囲が快適に仕事をできるようにマネジメントに集中しましょう。

一方、退職・休職に追い込まれてしまった部下は苦痛を1人で抱えこまず、どこかでA課長の上司に相談すれば、このような事態を避けられたかもしれません。

またCCでメールを受け取った人の中に、「あの言動はよくないと思います」とA課長に意見を言える人がいれば同僚の退職・休職を防げたでしょう。もし休職中の同僚と連絡が取れる状況にあれば、社内窓口や社外窓口への相談を勧めることも、傍観者にならないための勇気ある行動だと言えるでしょう。

これもグレーゾーン

部下のミスに対して露骨に苛立ちの表情を見せたり、休職中に「休み明けで大丈夫だから、軽く目を通しておくように」と自己判断で業務に関するメールを送る。

パワー
ハラスメント
2

お気に入りの部下を優遇し、不公平な業務分担をする上司

不公平な業務の割り振りに不満が増大

看護師として病院に勤務する中堅のBさん（女性）とCさん（女性）は、真面目な勤務態度で上司や同僚からの信頼も厚く、仕事に大きなやりがいを感じていました。ところが1年ほど前に看護部長が交代し、A部長（女性）が現場の管理を担うようになったことで状況が一変。以前は平等に分担されていた看護業務の振り分けが不公平になり、A部長の指導方針に対するストレスを募《つの》らせていきました。

A部長のお気に入りは若手のDさん（女性）ら数人の看護師。あるときA部長はDさんたちだけに外部で行われる専門分野の勉強会への参加の機会を与え、その準備期間の

日常業務を一方的にBさんに押しつけました。行きたかった勉強会に参加できないことに加え、業務負担が重くのしかかってくることにBさんの不満は増大。一方でCさんは、業務分担を極端に減らされてつらい思いをしていました。

A部長はDさんたちのことはよく褒めるのに、BさんとCさんに対しては「こんなこともできないの？」と非難するような言葉ばかり。Dさんたちを褒めるA部長の声を聞くたびに、「自分たちに嫌みを言っているんだ」と感じるようになりました。同僚たちも職場の雰囲気に気まずさを感じていましたが、上司に異を唱えることはできず、職場の空気はいつもピリピリと張り詰めていました。

やがてBさんは一生懸命に働いているのに適正な評価を得られず、心身ともに疲労が蓄積。仕事を与えられない日々が続いたCさんはモチベーションが維持できなくなり、「自分はなんのためにここにいるのだろう」と涙を流す日もありました。

不適切な言動に注意！

Bさんに対して必要以上の日常業務を押しつける行為が「過大な要求」、Cさんの仕事量を極端に減らすことが「過小な要求」に該当。

不適切な対応

A部長の言動の問題点は「個人的な感情で、不公平に業務を振り分けているのでは？」と、BさんやCさんに感じさせてしまったこと。業務配分の変化や勉強会参加メンバーの選考が、A部長のお気に入りによって決められたと思わせた時点で、不適切な対応だったと言わざるを得ません。なんの説明もなく一方的に仕事量を減らされたり、スキルアップの機会を奪われれば、部下が不満を募らせるのは容易に想像できます。仮に「中堅の2人はすでに一定レベルの専門知識を備えているので、若手のDさんたちに経験を積ませたい」と考えていたのなら、その意図をしっかりと伝えるべきでした。

適切な対応

業務配分は従業員の技量に合わせて平等に振り分けましょう。なんの前触れもなく仕事を減らされたり、反対に1人では抱えきれない量の仕事を与えられれば、部下が戸惑い不満を募らせるのも当然です。A部長は業務配分を変更した理由、勉強会メンバーにDさんたちを抜擢する意図をBさんやCさんに説明し、2人に業務のしわ寄せが及ばないよう配慮することが大切です。特に勉強会参加などキャリアアップの機会は、それぞれの意向を確認して全員にチャンスを与えるようにしましょう。個人的な感情に左右されることなく、それぞれの長所を見つけて褒めるのが部下に慕われる上司です。

加害者・被害者・傍観者にならないためには

業務配分や能力アップのチャンスは、平等・公平に与えましょう。職場のルールを明確に定め、丁寧な説明を心がければ、部下が不公平感を抱くリスクは回避できます。一方で部下も普段から上司との意思疎通をはかり、自分の希望をはっきり伝えておくことが大切です。BさんとCさんが「勉強会の機会があればぜひ参加したい」と意思を示していれば、A部長はDさんたちを選んだ理由を事前に説明したかもしれません。

「適正な評価を得られていない」「嫌みを言われていると感じる」といったネガティブ感情も、コミュニケーション不足が原因になっているかもしれません。職場の環境の変化に悩む同僚に気づいたら、傍観者にはならず積極的に話を聞くようにしましょう。場合によっては上司との仲介役になる必要もあります。

これもグレーゾーン

期待を込めて厳しい態度で接した結果、「同じ仕事をしているのに、あの人は褒められて私は評価されない」と部下に感じさせてしまう言動。

パワーハラスメント
3

挨拶をしても無反応「上司に嫌われている」と思い悩み孤立

上司に意見を述べたところ挨拶を無視されるように

出版社で編集部に所属していたBさん（女性）は、ステップアップのために自ら願い出て営業部に異動しました。異動初日の出勤時、Bさんは「おはようございます。本日からよろしくお願いいいたします」と上司のA部長（男性）に挨拶をしました。ところがA部長は軽くうなずいただけで、すぐにパソコン画面に目を移してしまい、Bさんは拍子抜け。翌日からもA部長は目を合わせずにうなずくだけで、ときにはまったく無反応の日もありました。

Bさんは違和感を覚えながらも、新しい部署の業務を覚えることに集中。徐々に信頼

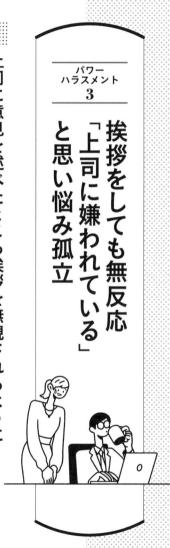

関係を築いていければと考えていました。状況が悪化したのは1カ月後の部内会議。A部長の営業方針に対してBさんが否定的な意見を述べたところ、その日の退社時に「お先に失礼します」と声をかけてもA部長はあからさまに無視。翌日以降もBさんの挨拶に反応しなくなりました。その一方でA部長は、ほかの部下たちからの挨拶には軽くうなずいたり、ときおり笑顔で「お疲れさま」とねぎらったりすることもありました。

Bさんは「なぜ自分だけ挨拶を無視されるのだろう。もしかしてA部長に嫌われているのかも」と思い悩むようになり、業務上必要なことも相談しにくくなりました。当然、オフィスでの居心地は悪くなり、モチベーションも著しく低下。同僚とのコミュニケーションにも支障が出始め、ふさぎこむようになってしまいました。その様子にA部長は「あなたは協調性に欠けている」とBさんを厳しく叱責。Bさんは日に日に追い詰められ、とうとう、うつ病を発症してしまいました。

不適切な言動に注意！

職場で能力を発揮するには、上司や同僚との円滑なコミュニケーションが不可欠。挨拶を無視するなど、信頼関係構築の妨げとなる行為は「人間関係からの切り離し」に該当。

不適切な対応

部下の挨拶に反応を示さなかったり、視線すら合わせないのは上司として明らかに不適切な対応です。Bさん以外の部下には笑顔でねぎらいの言葉をかけるA部長は、人によって態度を変える人物だと思われても仕方ありません。さらにこのケースの場合、A部長が自身の提案に否定的な意見を言ったBさんに対し、建設的な議論の機会も与えず無視するようになったことは見過ごせません。

自由に議論ができない「風通しの悪い環境」は、ハラスメントが起こりやすい職場の典型例。その環境下で悩んでいる部下を「協調性に欠ける」という言葉で追い打ちをかけることは問題です。

適切な対応

挨拶はコミュニケーションの基本。部下から挨拶をされたらパソコン画面から目を離し、相手の目を見て返事をしましょう。時間に追われていたり、仕事に集中しているときほど、しっかりと目を合わせて意思疎通をはかりたいものです。上司の言動に周囲との違いを感じると、部下は不安や疎外感を募らせ仕事が手につかなくなってしまうもの。Bさんの提案について周囲の意見を聞くなど、特定の部下に肩入れすることも排除することもせず、公平な態度で接する心がけが大切です。また職場で落ち込んでいる人を見かけたときは、見て見ぬふりをすることなく積極的に声をかけましょう。

加害者・被害者・傍観者にならないためには

部下のアクションに対して、目を見て反応を示すことで「人間関係からの切り離し」の加害者になるリスクは避けられます。

一方、被害者にならないためには、上司の態度に違和感を感じた時点で信頼できる同僚や別の上司に相談することも大切です。

もし同僚から相談を受けたときに「その程度のことを気にしているの？」と軽率な発言をすれば、さらにその人を苦しめてしまいます。傍観者にならないためにも「いつ頃からなの？」「仕事への影響は？」などと、心情を思いやりつつ事実の経緯を聞き出し、いつでも相談にのるという意思を示しましょう。そして本人の意向を確認したうえで、相談窓口への相談を勧めたり、上司に対して歩み寄りを提案するなど、状況を改善する方法を一緒に話し合っていきましょう。

これもグレーゾーン

異動初日で緊張している部下の気持ちを考えず、挨拶に対してうなずくだけ。上司である自分に迎合する意見だけを肯定的に受け入れる。

パワーハラスメント
4

得意先の理不尽な要求うまく対処できない上司に逆ギレする部下

取引先と部下の板挟みに悩まされ……

システム開発会社に勤める若手のBさん（男性）は、得意先企業の担当者Cさん（男性）から日常的に突きつけられる無理難題に悩んでいました。些細なミスでも電話口で怒鳴られ、Cさんの会社に呼び出されて30分以上もクレームを聞き続けることもしばしば。あるとき、納期の前倒しを一方的に通告され「今から対応するのは難しい」と伝えたところ、Cさんは「休日出勤すればいいだろう」「土日にスタッフを動かせ」「できないのなら、おたくに頼んでいる意味はない」などと言いたい放題。理不尽な要求に耐えきれなくなったBさんは上司のA課長（男性）に相談し、A課長同席のもとで交渉を重

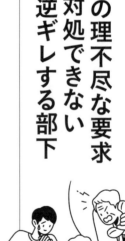

ねましたが、Cさんの態度が改まることはありませんでした。

　そもそもCさんは取引額の大きな〝得意先〟の担当者。もし契約を解除されることになれば、A課長は経営上層部から厳しく叱責される可能性があります。さらにA課長の部署では人員に余裕がなく、配置転換も難しい状況にありました。

　そんな背景もあって対応に苦慮していたA課長ですが、「Cさんのやり方はひどいが、なんとか耐えてほしい。担当の変更も検討するから」と繰り返すばかりで、一向に状況は改善されず、Bさんのストレスは極限状態に。ついには「このままの状態が続くのであれば『A課長は私に耐えろとパワハラをしている』と社長に直接訴えます」と不満の矛先をA課長に向けるようになりました。

　取引先と部下の板挟みになったA課長は精神的な不調に悩まされ会社を休みがちになり、企業間の信頼関係も崩壊。結局、取引そのものがなくなってしまいました。

不適切な言動に注意！

部下の要望に応えず現状を放置することは「精神的な攻撃」、休日出勤を求めるなど取引先に無理難題を繰り返す行為は「過大な要求」に該当。

不適切な対応

「納期を前倒ししろ」「休日出勤すればよい」など、優位な立場を利用したCさんの理不尽な言動には、目に余るものがあります。とはいえ、得意先からの無理難題に悩むBさんから相談を受けたA課長が、具体的な改善策を講じられないまま状況を放置してしまったことも問題です。得意先の態度は改まらず、上司は何もしてくれない。結果的にBさんは2人に苦しめられることになったため、A課長の対応は適切だったとは言えません。ただA課長の場合は、取引金額の大きなお得意様と部下の板挟みに悩んで、精神的に追い詰められてしまった被害者という立場でもあります。

適切な対応

大切な取引相手からのパワハラは、被害について強く抗議しにくいという側面があります。しかしA課長は、Bさんが置かれている状況をCさんに伝え、改善に向けて建設的な話し合いをしなければなりません。交渉を重ねても言動に変化が期待できなければ、部下が取引先からの理不尽な要求やクレームに苦しんでいる事実を記録に残し、対策について上司に相談しましょう。場合によっては経営層から取引先へ、正式な改善要求をするケースも考えられます。

また人員不足であれば、他部署からの人員増など会社として何らかの対策を講じましょう。

加害者・被害者・傍観者にならないためには

ビジネスには利害関係が存在し、その立場を利用して傍若無人に振る舞う人がいます。当然、取引相手によって優位性が逆転するケースもあります。加害者にならないためには、Cさんの言動を反面教師として、優位な立場にあるときこそ他者尊重のコミュニケーションを意識しましょう。そして被害者にならないためには、問題から目をそむけたり1人で解決しようとはせず、会社の上層部に相談することが大切です。

またこのケースでは、結果的に取引金額の大きな得意先を失った会社が被害者で、適切な対応ができなかった経営層を傍観者と捉えることもできます。取引先からのパワハラ対応のポイントは、どんなときも〝従業員ファースト〟を徹底すること。時には毅然とした態度で取引先に改善を申し入れる決断力も必要です。

これもグレーゾーン

「要求通りにできないのなら、おたくに頼んでいる意味はない」など、優位性を後ろ盾にした言動や、話し合いの機会すら与えない態度。

セクシュアルハラスメント 1

お酒の誘いを断った女性社員をプロジェクトから外した男性上司

宴会の席でプライベートな質問を連発

定年退職を控えた先輩社員の送別会に参加したBさん（女性）。同じ部署であるものの、あまり会話をする機会がなかった上司のA課長（男性）に「いろいろな話をしたい」と言われ、隣に座ることになりました。スキルアップにつながる話が聞ければと期待していたBさんですが、「どこに住んでいるの？」「彼氏はいるの？」といったプライベートな質問ばかりするA課長。まさかそんなことを言われるとは思わず、ショックを受けるBさん。ひとときも気が休まることはなく、食事も楽しめませんでした。そんな気持ちも知らず、A課長は「他の社員にもお酌して回って」と指示。Bさんは早く時間が過ぎてほしいと、時計ばかり気にしていました。

ようやく宴会がお開きになりホッとしたのも束の間、半ば強引に2次会に連れていかれたBさん。A課長やほかの男性社員はさらにお酒が入り、「どうして彼氏できないんだろうね」「今まで何人の男性と付き合ったの？」などと会話の内容がどんどん過激に。そして2次会の終了間際、A課長から「もう一軒行くことになったから君も来ないか？　帰りはタクシーで送るよ」と誘われましたが、やんわりと断り1人電車で帰宅しました。

翌日、出社したBさんは「君は付き合いが悪いね」というA課長の発言に唖然。さらに「うまく人間関係が築けない人に大切な仕事は任せられない。今回のプロジェクトからは外れてもらうよ」と告げられ、強引に担当業務を変更させられました。納得できないBさんは論理的に反論しましたが、A課長は業務とは関係のない理由を並べて、プロジェクト復帰を拒否。ショックを受けたBさんは半年間の休職を経て退職しました。

不適切な言動に注意！

直接、仕事に関係のないことを理由にして、担当していた仕事を外すような行為は「対価型セクシュアルハラスメント」に該当。

不適切な対応

お酒の席だからといって「彼氏はいるの？」などと、プライベートに踏み込んだ質問をするのはやめましょう。特に「今までに何人の男性と付き合ったの？」といった性的なニュアンスを含む発言には要注意です。セクハラの基準が明確になっている今、「まさか上司にそんなことを聞かれるとは……」と部下にショックを与えてしまいます。

お酌を強制したり、本人の意向に反して２次会に参加させる行為も明らかに不適切。さらに誘いを断ったことを理由にプロジェクトメンバーから外し、復帰を認めないＡ課長の態度は大問題です。

適切な対応

Ａ課長はＢさんに聞きたいことがあれば、仕事中に面談の場を設けるべきでした。そうすれば不用意にＢさんのプライバシーを侵害して、嫌な思いをさせてしまう事態を避けられたはずです。人はお酒が入るとタガが外れがちなので、行きすぎた言動にならないよう気をつけましょう。また、誘いを断られたことを根に持ったり、職場でのコミュニケーションに引きずらないことも重要です。

宴会の場でセクハラと疑われる言動に気づいた時点で、周囲の誰かがＡ課長に「セクハラになりますよ」と忠告しておけば、Ｂさんの休職・退職は防げたかもしれません。

加害者・被害者・傍観者にならないためには

セクハラの加害者にならないためには、常に相手の気持ちを考えて行動することが大切です。A課長の言動にはその視点が欠けています。また、担当業務の変更という理不尽な扱いに苦しんだBさんですが、精神面の不調を感じた段階で信頼できる人に相談できていれば、退職まで追い込まれずに済んだかもしれません。

被害者にならないためには1人で悩みを抱え込まず、周囲のサポートを得ることが重要。相談することで不安が和らぐこともあります。職場の同僚への相談が難しければ、社内外の相談窓口や友人を頼って悩みを打ち明けるのも一つの方法です。

もしもセクハラ行為を目撃したら、傍観者にならないように必ずその場で忠告しましょう。時間を置くと記憶が曖昧になり、加害者が指摘に取り合ってくれない可能性が高まってしまいます。

これもグレーゾーン

「どこに住んでいるの？」「彼氏は元気？」といった何気ない話題も、シチュエーションや相手との関係性によって「プライベートに踏み込まれた」と感じさせてしまうので注意。

セクシュアルハラスメント
2

営業回りの車の中で男性上司が話題に困り、不用意な発言

親睦を深めるつもりが相手を困惑させてしまい……

新入社員のBさん（女性）を連れて、車で取引先への挨拶回りに出かけることになった営業部のA課長（男性）。2人が勤務する運送会社は男性社員が圧倒的に多く、女性社員はごくわずか。営業部には1人もいませんでした。社の方針転換により新年度から営業部で女性1名の採用が決定。Bさんはその〝1期生〟でした。

それまでBさんと個別に話す機会が少なかったA課長は「一対一で話せる車内は親睦を深めるチャンスだ」と張り切っていました。ところが、いざ話しかけようと思っても共通の話題が思い浮かびません。そもそも女性社員とのコミュニケーションに慣れてい

ないうえ、年齢差もあって思うように会話が続かず……。移動中は仕事の話題を避けてリラックスしてほしいという親切心も裏目に出て、車内に気まずい雰囲気が広がってしまいました。

そんな状況に困り果てたA課長の口から飛び出したのは、「ひとり暮らしは初めてなの？」「結婚はしないの？」といったプライベートな質問ばかり。時には「がんばろう」と肩をたたいてきます。Bさんは「次は何を聞かれるのだろう」と困惑し、車での営業回りが苦痛になりました。

面と向かってA課長に改善を要求できなかったBさんは、年齢の近い同僚男性社員に相談。しかし、「上司が距離を縮めようと努力してくれているんだよ。それをセクハラだと考える君のほうがおかしいんじゃない？」と言われ、つらい気持ちを理解してもらえずガッカリ。後に分かったことですが、ほかの部署に配属された新人女性社員も同じような悩みを抱えていて、なかには耐えられなくなって退職してしまった人もいたようです。

不適切な言動に注意！

必然性なく相手のプライベートに踏み込む行為や身体接触は「環境型セクシュアルハラスメント」に該当。そもそも女性社員が少ないこともセクハラの土壌になっている。

不適切な対応

女性社員が圧倒的に少ないという環境だからこそ、他者の目が届かない車の中は密室空間として要注意。部下と2人だけの状況で、プライベートについての質問、肩をたたくといったA課長の行為は明らかに不適切でした。「移動中の車内は職場」という認識を強く持って、話題選び、言動には注意しましょう。

また、Bさんから相談を受けた同僚男性の「君の受け取り方がおかしい」という発言も看過できません。たとえ距離を縮めようとするための努力だと理解していても、密室で異性の上司から、プライベートな質問を連発されて不快な思いをしない部下はいません。

適切な対応

このケースでは立場や性別の違いを踏まえて、適切な話題を選ぶことが重要です。例えば「仕事にはもう慣れましたか？」「職場で困っていることはありませんか？」など、新人のBさんを気遣う質問が相応しいでしょう。相手目線で感じる職場環境の改善点を尋ねるのもよいかもしれません。

職場での会話は、仕事に関連した話題にするのがベター。仮に会話が途切れがちになっても無理に続けようとはせず、「聞きたいことがあれば何でも聞いてください」と相手に主導権を譲るくらいの距離感を心がければ、不用意な発言を防ぐことができます。

加害者・被害者・傍観者にならないためには

移動中の車内でセクハラの加害者にならないためには、たとえ部下を思う親切心からであっても、プライベートには踏み込みすぎない、身体接触をしないこと。これに尽きます。一方で部下は被害者にならないよう「すみません。そういう話題は苦手です」と、自分の意向をはっきりと上司に伝えることが大切です。Bさんもその場で明確に意思を伝えていれば、A課長との営業回りを苦痛に感じることなく、知識や経験を吸収できたかもしれません。

また、同僚からセクハラ相談を受けたら、話を聞いて悩みに寄り添いましょう。職場に共感してくれる人がいるだけで、被害者の気持ちもいくらか楽になるものです。反対に「上司の気遣いをセクハラだと考えるほうがおかしい」と突き放せば、Bさんを孤立させてしまうだけでなく、自らも傍観者になってしまいます。

これもグレーゾーン

オンラインミーティングでの「お部屋のカーテンの色、素敵だね」という発言もグレー。異性間ではメイクやファッションの話題も相手を戸惑わせてしまう。

マタニティハラスメント

妊娠を報告した部下に心ない言葉をかけて追い詰めた女性上司

産休・育休の取得を快く思わない上司

金融関係の会社の投資部門で働くBさん（女性）は、真面目な仕事ぶりで上司からも部下からも頼りにされる存在。結婚後も順調にキャリアを積み、1年前に立ち上がった新しいプロジェクトではマネージャーに抜擢され、以前にもまして熱心に仕事に取り組むようになりました。そしてプロジェクトが軌道に乗り始めた頃に妊娠が判明。出産・育児休暇制度を利用する意思を上司のA部長（女性）に伝えました。

A部長は「そうですか、おめでとう」と言った直後に、「それで、いつから休むの？正直、この時期にプロジェクトを外れられるのは困るなぁ」とひと言。それを聞いたB

さんは、周囲に負担をかけてしまうことを心苦しく感じました。その後も急な体調不良で欠勤や早退が重なり、Bさんの悩ましさは増すばかり。「休暇を取るのは結構ですが、妊娠は病気じゃないんだから産休まではこれまで通り業務はしっかりとこなしてください。私のときは出産直前まで働いたものですよ」というA部長の言葉にも深く心が傷つきました。

無事に出産を終えたBさんは、1年間の育休を経て午前10時から午後4時までの時短勤務で職場に復帰しました。折しもプロジェクトがピークを迎え投資部門内は大忙し。連日、残業が続いていました。そんなある日、退社時刻になって帰り支度をしているBさんに同僚が近づき、「あなたの仕事をフォローしてくれているのだから、もっと気を使わなきゃダメだよ」と言ってきました。さらに翌日、「部門内で不満の声があがっている。このままではキャリアアップも期待できません」とA部長に告げられたBさんは、いたたまれない気持ちになり退職を決意しました。

不適切な言動に注意！

上司の「休暇を取るのは…」はマタハラの「制度等の利用への嫌がらせ型」、上司の「妊娠は病気じゃない…」、同僚の「もっと気を使って」という言葉は「状態への嫌がらせ型」に該当。

不適切な対応

Bさんの報告を受けたA部長は、祝福の言葉をかけた直後に「休みはいつから？」と職場中心的な発言を続けています。「この時期にプロジェクトを外れられると困る」というひと言も、休暇を取得することに罪悪感を抱かせてしまう不適切発言だと言えます。

また、「私の時代は出産直前まで働いていた」は価値観の押しつけに当たり、「妊娠は病気じゃない」も思いやりに欠けた言葉だと言わざるを得ません。さらに時短勤務中に同僚から投げかけられた「もっと周囲に気を使うべきだ」という発言は、Bさんに退職を決意させる決定打になってしまいました。

適切な対応

出産や育児のための休暇取得は「育児・介護休業法」等で認められた権利です。A部長は上司として制度利用をためらわせたり、罪悪感を抱かせたりしないような対応をする必要があります。「あなたの分は皆でカバーするから心配しないで」「休暇に入るまでは、これまで通り頼りにしているよ」といった言葉をかければ、Bさんは安心して仕事と出産・育児の両立に励むことができるでしょう。

また、同僚もBさんの状況に共感を示し、温かい目で見守りたいものです。心ない言動で不満をぶつけるのではなく、Bさんの新たな人生経験に期待する広い心を持ちましょう。

加害者・被害者・傍観者にならないためには

妊娠・出産に限らず、人生にはさまざまな出来事が起こります。今まさにBさんが直面しているライフイベントが、いつか自分にも起こりうると理解していれば、嫌味を口にしたり、「キャリアップは期待できない」といった心ない発言で加害者になってしまうことを避けられます。

被害者にならないためには、権利のみを主張するのではなく、周囲の理解を得て協力に対する感謝の心を持つことも大切です。

もしも同僚が出産・育児休暇の取得や時短勤務を申し出たら、相手の気持ちに共感して、できる限りのサポートを心がけましょう。そもそもBさんは新しいプロジェクトのマネージャーを任されるほど信頼されていた仲間。大切な人材を失うことは、会社にとっても大きな損失になります。

これもグレーゾーン

「おめでとう」のひと言よりも先に休暇取得の時期を尋ねる。同僚から不満の声があがっている事実を、本人たちの了解を得ることなくBさんに伝える。

ロジック
ハラスメント

正論で追い詰める上司
逃げ道を与えられず
精神をすり減らす部下

報・連・相をしない部下を〝論破〟する上司

アパレルメーカーに勤務するBさん（男性）は、商品開発部を経て営業部に異動し、A課長（男性）の部下となりました。Bさんが新たな業務に慣れてきた頃合いを見計らって、A課長は「商品開発に携わってきた君ならではの視点で、得意先への企画提案書を作ってください。提出期限は2週間後としますが、不慣れな点もあると思いますので、こまめな進捗報告をお願いします」と指示しました。

ところが1週間が過ぎても、Bさんからはなんの報告もありません。仕方なくA課長のほうから進捗について尋ねると、「もう少し時間をください」とだけ言ってデスクに戻っていくBさん。その後も進捗報告がないまま、提出期限前日を迎えてしまいました。しびれを切らしたA課長はBさんを呼び寄せ「提案書はどうなっていますか?」と問いただします。「実はまだ……」というBさんの言葉を遮《さえぎ》るように、「提出期限は事前に伝えています。もしできていないのであれば、その理由を説明してください」とたたみかけるA課長。そして、反論できずうつむいたままのBさんに対し、「とにかく期限までに必ず提出してください」と伝えその場を去っていきました。

翌日、ようやく提案書が届きましたが、期待とはかけ離れた内容に「今まで何をやっていたのですか?」と問い詰めるA課長。Bさんは「情報が不足していて……」と声を絞り出しますが、「それならば事前に相談すべきです。報(告)・連(絡)・相(談)も実践できない君には、信頼して仕事を任せられません。提案書は他の人に頼みます」とA課長。〝正論〟で追い詰められていったBさんは、次第に会社を休みがちになりました。

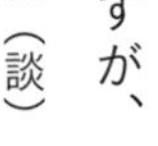

不適切な言動に注意!

報・連・相を求めるのは業務の適正な範囲。ただ部下の説明を遮って一方的に意見をたたみかける行為は、パワハラ類型の「精神的な攻撃」に該当する可能性がある。

不適切な対応

ロジックハラスメントが不適切だとされるのは、正論を並べたてて相手に反論の余地を与えないため。このケースでA課長は、提案書の提出が遅れた理由を真摯《しんし》に聞こうとしていないように感じます。進捗について「提案書はどうなっていますか？」と問いかけてはいますが、Bさんの返答を遮って遅れた理由の説明を求め、提出期限を厳守することを一方的に伝えている点が不適切と言えます。

提案書の内容を見て「今まで何をしていたのか」「事前に相談すべきだった」と、説明に苦しむBさんに向かって自分の要望をたたみかけていることも問題です。

適切な対応

業務の円滑な進行や、部下の成長を期待して「伝えるべきこと」をしっかりと伝えるのは問題ではありません。ただ、A課長は提案書の提出が遅れている理由や背景を推察してから、しっかりと時間を取ってBさんに話を聞くべきでした。提出期限までの時間を考慮して「必要なデータは揃っているか」「顧客ニーズについては○○さんに聞くとよい」など、具体的な問いかけをすれば、BさんもA課長に相談をしやすくなるはずです。「とにかくやれ」という高圧的な指示ではなく、どうすればできるのかを部下と一緒に考えることが適切な指導だと考えましょう。

加害者・被害者・傍観者にならないためには

ロジックハラスメントの加害者にならないためには、相手が自分とは別人格であることを理解しましょう。価値観や考え方の違いを認め、言動の受け止め方が異なることを前提にすれば、コミュニケーションの取り方は変わるもの。考え方や信念を変えるよりも、伝え方を改善するほうがずっと簡単です。

一方で被害者にならないためには、仕事の進め方に苦労したら無理をせず周囲に助けを求めることです。このケースではBさんが1人で空回りしてしまっているように感じます。「1人では不安なので、誰かにサポートをお願いできませんか?」とA課長に願い出ていれば、結果は変わっていたかもしれません。

また上司のロジックハラスメントには周囲も気づいているはず。困っている同僚がいたら積極的に業務をサポートしましょう。

これもグレーゾーン

たとえ丁寧な言葉づかいであっても、相手を問い詰める内容の発言。ロジックハラスメントは正論を伝えているため、加害意識が希薄になりがちなので要注意。

モラル
ハラスメント

同僚にも自分と同じレベルを求めてしまう〝カリスマ社員〟

同僚への要求は高く、上司の助言は拒否

大手デザイン会社に勤めるAさん（男性）は、優秀なデザイナーとして業界では名が知られていました。デザインのセンスに加えてカリスマ性も備え、Aさんに憧れて入社した後輩もたくさんいました。実質的なリーダーでもあるAさんは常にモチベーションが高く、周りにもそれを求め、毎朝、部署のメンバーを集めてミーティングをするようになりました。

しかしAさんと同僚の仕事に対する〝熱量〟の差が大きく、ミーティングはいつもギクシャクとした雰囲気に。失敗をしてしまった同僚を「ミスの原因について説明してく

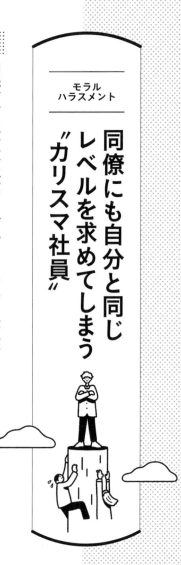

ださい」と問い詰め、締め切りに間に合わなかった同僚に対しては「あなたのせいで私たちのブランドが傷つきました。どうやって責任を取るつもりですか？」と強い口調で叱責することもしばしば。チームのミーティングが予定を超えて、長時間に及ぶことも珍しくありませんでした。

そんな状況を見かねた上司のB課長（男性）は、「すべての社員がAさんと同じレベルの仕事をできるわけじゃないよ。100％を求めるのではなく、まずは30％を目標にしてみるのはどうか」と提案しましたが、Aさんは「自分の考えは曲げません」と上司のアドバイスをきっぱりと拒否。あくまでも自己流を貫くAさんの発言は、同僚にとって〝吊るし上げ〟としか受け取られず、やがてAさんの同僚たちは次々と会社を辞めてしまったのです。

またAさん自身も「デザイナーとしては優秀だが、社内の調和を乱す」と指導を受け、結局、自ら会社を辞めることになりました。

不適切な言動に注意！

同僚のミスを問い詰める行為はパワハラ類型の「精神的な攻撃」に該当。長時間のミーティングも、連日繰り返されるとパワハラ類型の「過大な要求」になる恐れがある。

不適切な対応

ミーティングでミスの原因を尋ねる場面はありますが、このケースでは説明を求めるのではなく、問い詰めていることが問題です。特に「あなたのせいでブランドが傷ついた」「どう責任を取るつもりか」というAさんの発言は不適切です。

また、長時間のミーティングも自由な意見交換ができる雰囲気なら問題ありませんが、一方通行型の吊るし上げは相手を萎縮させ、仕事へのモチベーションを奪ってしまいます。そして一番の問題点は、Aさんが誰に対しても自己流を貫き通し「自分の考えは曲げない」と上司の提言も拒絶していることです。

適切な対応

同僚のスキルがAさんの要求レベルに達するまでには時間が必要です。優秀なデザイナーとして頑なに自己流を貫くのではなく、相手と目線を合わせて適切な助言をすることがリーダーとして必要だったのではないでしょうか。例えば、相手の説明を聞いた後に「どうすればミスを防げただろう」と意見を求め、改善案を一緒に考えれば、相手からの信頼を失うことも退職者が続出する事態も避けられたはずです。同様にB課長の助言を受け入れていれば、相手はミスをとがめられることを恐れず、のびのびと仕事に取り組むことができ、結果的に成長をサポートできたでしょう。

加害者・被害者・傍観者にならないためには

仕事ができる人ほど「なぜ同じようにできないのか」と相手への要求レベルが高まる傾向があります。周囲の意見・助言に耳を傾け、経験値や個性に応じて要求レベルを見直すことが、モラルハラスメントの加害者にならないためのポイントです。

一方、会社では働く相手を選ぶことは難しく、被害者にならないための防衛策も限られてしまいます。もし被害を受けていると感じたら、時期や前後の状況、発言内容を記録しておき、できるだけ早い段階で相談窓口や信頼できる同僚に相談しましょう。

モラルハラスメントに気づいたときは、B課長のように助言を与えることが大切です。Aさんの気持ちをくみ取りつつ、たとえ正論でも、表現を誤ればハラスメントになってしまうと諭すことで、問題点に気づいてくれることもあります。

これもグレーゾーン

ミーティングが誰かの「吊るし上げの場」になっていたり、相手に対する「歩み寄り」の姿勢が一切感じられない、自己中心的な注意・指導。

ジェンダー
ハラスメント

無意識に女子力を押しつける男性社員の発言に傷つき意欲も低下

ランチの席での何気ないひと言が……

商社の営業事務として働くBさん（女性）は、入社10年目の中堅社員。海外に拠点を持つ企業との取引が多く、英語が堪能なBさんは同僚たちから信頼されていました。キャリアアップに貪欲なBさんは、仕事の幅を広げるために役に立ちそうな英語以外の語学習得を目指して、勤務後に語学スクールにも通っていました。

ある日の昼休み、同僚のAさん（男性）に誘われランチをすることに。Bさんは同じ営業事務の後輩Cさん（女性）にも声をかけましたが、「ありがとうございます。でもお弁当を持ってきているので」と断られ、ランチに参加した女性社員はBさん1人だけでした。

　ランチを楽しんでいると、Cさんのことが話題にあがりました。「Cさんって毎日お弁当を持ってきているらしいよ。女子力が高いよね」とAさんが言うと、ほかの男性社員も「料理の腕前はプロレベルだって評判だよ。毎日おいしい料理を食べられて旦那さんが羨《うらや》ましいな」と同調。Bさんも「料理が得意なんですね。すごいな」と感心していました。

　するとAさんが唐突に「Bさんもお弁当を作ってきたら？　女子力が上がるんじゃない？」と言ったのです。Bさんは「語学の勉強で忙しいし、料理の自信もないので……」と苦笑いを浮かべましたが「Cさんに習ったら？」と続けたAさん。その後も女子力の話題で盛り上がる男性社員を前に、Bさんは居心地の悪さを感じてしまいました。何より「同僚として信頼されていると思っていたのに、女性としてしか見られていなかったんだ」と悲しくなり、仕事に対する向上心もなくしてしまったのです。

不適切な言動に注意！

「あなたもお弁当を作ってきたら？」という発言はパワハラ類型の「個の侵害」に該当。女子力という主観的な価値観を絡めている点でジェンダーハラスメントにも該当する。

不適切な対応

このケースでの問題点は、お弁当を作ってくるかどうかという観点で他者を評価していること。「女子力が上がるのでは？」という価値観の押しつけや、上から目線での物言いも非常に不適切です。

職場の大前提として、女性の話題で男性が盛り上がったり、男性の話題で女性が盛り上がるのは避けるべき。軽く聞き流せる人もいるでしょうが、そうでない人にとってはその時間や場が苦痛なものになってしまいます。実際にＢさんも、初めは料理が得意なＣさんに感心していましたが、女子力を押しつけられるような言葉を聞いて、ランチを楽しむことができなくなってしまいました。

適切な対応

そもそも、ランチに参加していないＣさんの話題を取り上げる必要はありませんでした。休み時間は誰もがリラックスして過ごしたいもの。ランチに参加しているメンバーの近況や趣味など、楽しく会話に加われる話題を選びましょう。例えば語学スクールでの様子を尋ねていれば、Ｂさんの気分はまったく違ったものになっていたでしょう。また、「料理に自信がなくて」という言葉を聞いたとき、「そうなんだ」と受け止めたうえで誰かが「語学の勉強のほうは順調？」と話題を変えていれば、Ｂさんは居心地の悪さを感じることはなく楽しい時間を過ごせたかもしれません。

加害者・被害者・傍観者にならないためには

人によって得意なことは異なり、比較したり評価することに意味はありません。特に異性がいる場では「この言葉を聞いたらどう感じるだろう」と、受け手の気持ちを想像しましょう。

もしジェンダーハラスメントを受けたら、その場で自分が嫌な思いをしている事実を伝えることが大切です。場の空気を壊してしまうのを恐れて我慢していると、こういう話題は大丈夫なんだと誤解され、同じような被害が繰り返されるかもしれません。「そんなこと言われると、居心地が悪くなる人もいますよ」と伝えるのも効果的です。

同席者に気になる発言があれば、やんわりと注意をして話題を変えましょう。一緒になって盛り上がった時点で、ジェンダーハラスメントの傍観者になってしまいます。

これもグレーゾーン

「女性（男性）はこうあるべき」というステレオタイプな発言や、「結婚しているから一人前」「子供がいるから立派」という思い込みに基づく言動。

ハラスメント
ハラスメント

「パワハラですよ」を連発し、上司を困惑させる〝モンスター部下〟

部下の行動を指摘したら〝逆ギレ〟された

システムエンジニアのBさん（女性）が勤務するシステム会社は、社員数30人ほどの中小企業。若手にも積極的に仕事を任せてくれる活気にあふれた職場でしたが、常に複数の案件が同時進行しており、締め切り前には残業になることも少なくありません。

Bさんは習い事やプライベートを大切にしていて、定時で帰ることを優先していました。当然、Bさんが担当する仕事は進行が遅れ気味に。納期に間に合わないことも多々あり、同僚たちからは白い目で見られていましたが、Bさんに周囲の目を気にする素振りはまったくありません。

ある日、いつものように定時で帰ろうとするBさんを、上司のA課長（男性）が呼び止めました。納期の遅れがあまりにも重なっていることを伝えるためでした。ところがBさんは「今日は友人との集まりがあるのでお先に失礼します」とA課長の心配などどこ吹く風。たまらずA課長は「もう少し業務のことを考えてくれ。人との集まりを優先するなんて、あまりにも無責任すぎるんじゃないか」と注意をしました。するとBさんは「残業しろという意味でしょうか？　それってパワハラですよね」と切り返し、足早にオフィスを出て行ってしまいました。パワハラと言われ驚いたA課長はその日以降、Bさん以外の部下に対しても、何も言えなくなってしまったのです。

その後A課長は別の事情で退職。新しくやってきた上司も、仕事がどれほど忙しくても自分のルールで行動するBさんを根気強く指導しましたが、「それはパワハラだ」と〝逆ギレ〟するだけで、勤務態度が改善されることはありませんでした。

不適切な言動に注意！

「パワハラじゃないですか？」という部下の発言も、定時退社に対する上司の発言も、パワハラ類型の「精神的な攻撃」「過大な要求」に該当。

不適切な対応

適切な指導さえ受け入れないモンスター部下に悩む上司は増えています。このケースでは、担当業務の進行が遅れているのにもかかわらず、友人との集まりを優先して仕事の効率化を図らず、事前に相談をしていなかったBさんの仕事に向き合う姿勢が問題の根底にあります。そして、その事実を指摘したA課長に対し「パワハラだ」と逆ギレして、自分の主張を押し通している点が問題です。

一方で課長の発言も、定時退社という従業員の権利を否定するような伝え方になっていて、Bさんのハラスメントハラスメントを誘発しているように感じます。

適切な対応

まず初めにBさんは、業務の進行が遅れて周囲に迷惑をかけないように努力しなければなりません。そのうえで、就業時間内に仕事を終わらせるのが難しい場合は、同僚にサポートを依頼すべきでした。プライベートを大切にするのであれば、なおさら上司の指摘を素直に受け止め、どうすればよいのかを話し合うべきです。

また、A課長もBさんの行動を注意するだけではなく、「プライベートを充実させるためにも、日頃から計画的に仕事を進めておこう」と提案型の表現を使うことで、Bさんは勤務姿勢を自発的に改善できるかもしれません。

加害者・被害者・傍観者にならないためには

モンスター部下にならないためには、仕事と真摯に向き合い、必要な場面では上司や同僚に相談し、協力を得る謙虚さが必要です。周囲への配慮に欠けた攻撃的な言動はやめましょう。上司は部下の話をよく聞くことで、被害者になるのを避けられます。

このケースでは、プライベートの時間を大切にしたいというBさんの思いを尊重して、業務が遅れているという現実を問い詰めるよりも、どうすれば時間内に終わらせられるのかを話し合い改善策を見出すほうが建設的です。

そして周囲もワークライフバランスを重視する同僚を白い目で見ないこと。「友だちとの時間を大切にすると人生が豊かになるよね」と声をかけたり、業務のサポートを申し出ると、同僚の勤務態度改善によい影響を与えることができます。

これもグレーゾーン

「習い事よりも仕事を優先するのが当然だ」「残業してでも業務進行の遅れを取り戻しなさい」など、他者の価値観を否定するような言動がモンスター部下を生む。

COLUMN

相手を理解すれば伝え方が変わる

ハラスメントをなくすために効果的なアサーティブ・コミュニケーション

「○○世代」という言葉に象徴されるように、年齢や性別、育ってきた環境によって価値観は異なっている可能性があります。とはいえ、「立場や考え方が違うのだから仕方がない」と諦めてしまえば、職場のハラスメントはなくなりません。ギャップを埋めるためには、丁寧なコミュニケーションを心がけ、相互に理解を深めていくことが大切です。

相互理解を深めるための効果的な手段の一つに「アサーティブ・コミュニケーション」があげられます。これは一方的に主張を押し通すのではなく、相手の気持ちを尊重しながら、意見や要求を誠実に、率直に、対等に表現するコミュニケーション方法で、「何を伝えるか」ではなく「どう伝えるか」を重視します。

実践に向けた第一歩は相手と目線を合わせ、相手の気持ちを考える想像力。互いを尊重する関係性が育まれれば、自ずと伝え方が変わり職場の風通しもよくなるはずです。さまざまな違いを乗り越え、職場にいるすべての人が“一緒に物語を紡いでいく”という意識を共有したいものです。

第２章

研修の設計を始める前に

ハラスメントに関連する法律や指針、社会環境の変化を把握しよう

時代とともに〝理想の上司像〟も変わる

ハラスメント防止研修を設計するにあたって、関連する法律や指針の理解は必須です。基礎知識あっての設計図と言えます。なかでもパワハラ防止研修の場合は2020年に施行された労働施策総合推進法の内容を、対策の義務化に至った流れとともにしっかりと把握しておきましょう。それ以外にも、安全配慮義務について規定した労働契約法、相談者・通報者を保護する公益通報者保護法、民法の不法行為責任や男女雇用機会均等法など、ハラスメントに関連する法律にひと通り目を通して最低限の知識を身につけましょう。

法律や指針の確認とあわせて、職場のハラスメントを取り巻く現在までの動向も振り返りましょう。大まかな流れは序章でも紹介しているので、ぜひ参考にしてください（P16参照）。押さえておくべきポイントは、職場での人間関係のあり方や上司の理想像は時代とともに移り変わるということ。そして、その背景に働き方の多様化や学校教育の変化といった〝社会の歩み〟が深く関わっていることを、研修トレーナーは知っておく必要があります。

職場からハラスメントがなくならない要因の一つに、こうした時代や社会の変化に対応できていないことがあります。法律ができても、組織や個人が自ら変わろうとしない限りハラスメントはなくなりません。視点を変えれば、組織として進むべき方向性を示し、一人ひとりに意識変革を促すことが研修の目的なのです。大きな責任を伴いますが、その分だけ研修トレーナーの仕事はやりがいにあふれています。

就業規則や自社規定を確認して自社のルールを理解しておく

防止対策の基軸となるルールづくり

ハラスメントに関する自社規定やルールに加えて社内の実情をしっかりと理解して、内容のある研修を設計しましょう。実感の伴わない事件のような事例を使った研修に終始すると、受講者はハラスメントを身近な問題として捉えにくくなってしまいます。もし自社規定やルールがなければ、研修前に必ず策定しておく必要があります。研修設計よりも自社規定やルールの策定が先行です。

自社ルールづくりには、就業規則の中にハラスメント禁止規定を定める、防止に関するガイドラインを作成する、労使協定を結ぶなどの方法があります。いず

就業規則にハラスメント禁止規定を盛り込んだ見本例

第□章　服務規律

第□□条［職場のパワーハラスメントの禁止］
職務上の地位や人間関係などの職場内の優越的な関係を背景とした、業務上必要かつ相当な範囲を超えた言動により、他の従業員の就業環境を害するようなことをしてはならない。

第□□条［セクシュアルハラスメントの禁止］
性的言動により、他の従業員に不利益や不快感を与えたり、就業環境を害するようなことをしてはならない。

第□□条［妊娠・出産・育児休業・介護休業等に関するハラスメントの禁止］
妊娠・出産等に関する言動及び妊娠・出産・育児・介護等に関する制度又は措置の利用に関する言動により、他の従業員の就業環境を害するようなことをしてはならない。

れも経営層や労働組合・代表社員と丁寧な意見交換を重ねて明文化することが重要です。規則に盛り込む内容はハラスメントの定義、行為の禁止、懲戒、相談・苦情への対応などが一般的です。

ルール策定の事例や注意点は、厚生労働省のハラスメント情報サイト「あかるい職場応援団」に分かりやすくまとめられています。また、就業規則に禁止規定を盛り込んだ見本事例を紹介しますので参考にしてください。

ルールは従業員にとって分かりやすく、できる限り具体的な内容にしましょう。ただし、内容が詳細になりすぎたり、難解な用語を並べると読み手に伝わりにくくなってしまうため、誰もが理解できるように会社の方針を大枠で伝えることを心がけましょう。

相談窓口の活用を周知して社内の状況をインプットする

相談のしやすさはハラスメントを抑止する

自社規定・ルールの確認と並行して、相談窓口の活用を従業員に周知することも大切です。相談窓口の存在が十分に知られていないと、ハラスメントに悩んでいる人は「どこに相談すればいいのだろう」と不安になりますし、仮に設置されていなければ「従業員を大切にしていない」と会社への不信感を抱かせることにもなります。相談窓口は研修前に必ず開設しておきましょう。

窓口活用の周知方法はメール配信やポスター掲示、イントラネットへの掲載、説明会の開催などさまざま。単発ではなく定期的に、窓口に親近感を持ってもらうような切り口で行うことがポイントです。相談窓口の担当者は研修トレーナーが兼務する場合が多く、窓口活用の周知が研修参加への動機付けにもつながるので、積極的に取り組みを発信しましょう。

相談窓口にはハラスメント防止の啓発、社内の実態把握、相談対応、問題解決に向けた調整など幅広い役割があります。なかでも重要なものが〝抑止力〟で、窓口担当者はハラスメントを身近に起こりうる「してはならない問題」だと認識させ、被害を受けたときは「声をあげてもいい」という共通理解を社内に広めることができます。ところが相談窓口はあっても、その存在が知られていなかったり、十分に活用されていないことも珍しくありません。

厚生労働省が2020年度に行った「職場のハラスメントに関する実態調査」(※)によれば、約8割の企業が相談窓口を設置して周知活動に取り組んでいると回答しています。一方で「ハラスメント行為を受けた後の行動」という項目では、「何もしなかった」がパワハラ35・9%、セクハラ39・8%と最も多く、社内の窓口へ相談した人はパワハラ5・4%、セクハラ5・8%に留まっています。この結果から想像されるのは、ハラスメントに悩んでいる人の心に「窓口に

※企業がハラスメントの予防・解決のために実施している、取り組みに関する実態調査

相談するのはハードルが高い」「相談しても何もしてくれないのでは」という壁が存在していること。その〝見えない壁〟を取り払い、相談しやすい環境を整えていくことが窓口周知の目的であり、窓口担当者（研修トレーナー）の役割だと心得ましょう。相談窓口の存在や取り組みが社内で認知されれば、従業員の声も自然に集まってきます。社内でのハラスメントの実態を把握し研修内容に反映させるうえでも、相談窓口の周知は欠かせないと言えます。

まずは従業員との信頼関係を築くこと

新たに相談窓口を設置したり、利用を促した後の反応は企業によってさまざまです。想定以上の相談が寄せられることもあれば、まったく相談者が現れない場合もあります。前者の場合、隠れていた問題が浮き彫りになったという点で、意図した通りの反応だと言えるでしょう。何より実際に起こっている問題への対応は、自社からハラスメントをなくすことに直結します。一方で後者の場合、「社内にハラスメントは存在しない」と楽観視するのは禁物です。相談窓口への信頼度が不十分だったり、閉鎖的な人間関係など企業体質が影響している可能性を疑い、地道な啓発活動を通じて従業員と信頼関係を築くことに力を注ぎましょう。

とはいえ、あまりにも相談者が多すぎると、窓口担当者は対応に忙殺されてしまいます。特にパワハラ相談に関しては、ハラスメント知識の豊富な中堅や若手層を中心に、客観的に見て適切な指導だと考えられる言動であっても「パワハラを受けた！」と訴える人が増え、窓口担当者が対応に苦慮しているという事例もあります。また、パワハラを恐れて部下との接し方や指導方法に悩む上司も増加傾向にあります。こうした〝いびつな関係性〟を改善し、職場からハラスメントをなくすためにも、経営層・管理職・一般社員といった階層の枠を超えてすべての従業員にハラスメントへの正しい理解を広め、円滑なコミュニケーションによる相互理解を促していくことが重要です。

窓口設置で職場に変化

「職場のハラスメントに関する実態調査」によると、職場のコミュニケーションが活性化した、風通しがよくなったなど、従業員がポジティブな変化を感じていることが分かった。

研修内容や参加人数に合わせて最適な研修スタイルを考える

時間の設定や会場レイアウトで研修の効果が変わる

対面による講義スタイルやオンラインでのディスカッション型など、研修形式にはさまざまな選択肢が考えられます。それぞれに特徴や利点があり、目的に応じて最適な組み合わせを選ぶことで、研修の効果を高めることができます。正解は一つではありませんが、あらかじめ基礎情報を把握しておけば研修の設計にも役立ちます。

まず、会場のレイアウトですが、最もイメージしやすい研修スタイルは、研修トレーナーと受講者が正対するように机と座席を並べる「講義型」（図1）です。

座席レイアウトの参考例

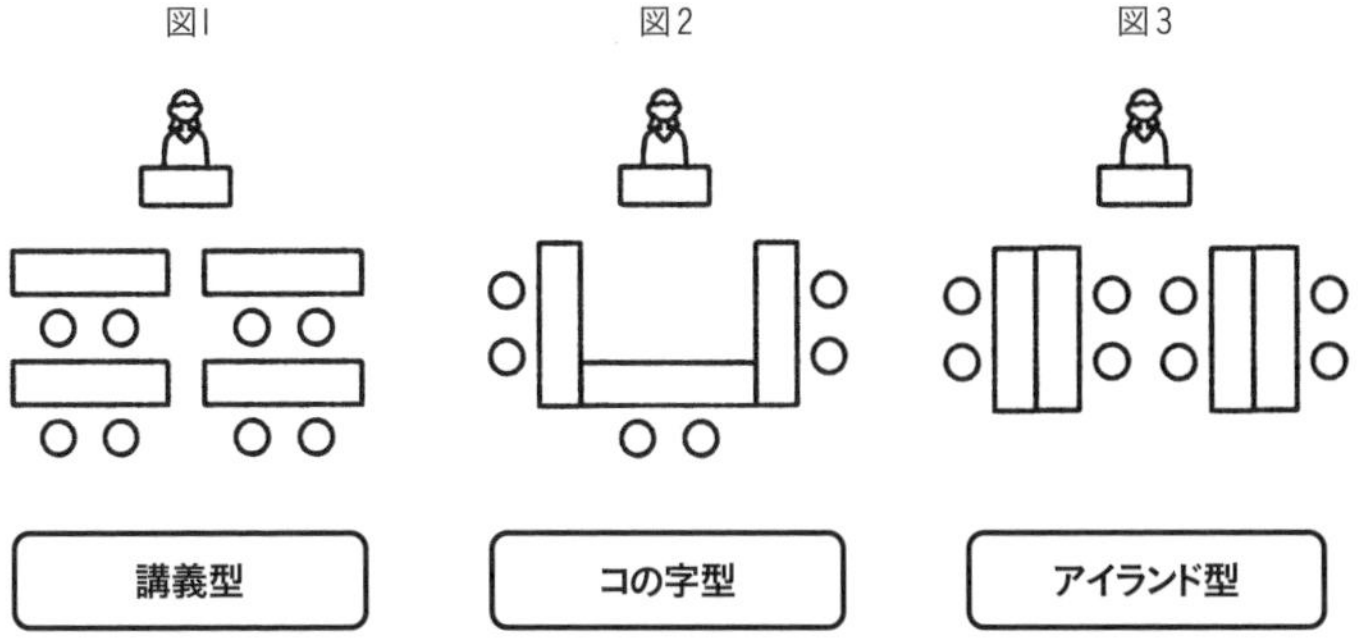

講義型：トレーナーと受講者が正対するように机と座席を並べる。受講者の反応を確認しながら研修が進められる

コの字型：四角形の一辺を取り除いた会議スタイル。受講者がお互いの顔を見ながら意見交流ができる

アイランド型：小さな“島”を並べる。グループワークを取り入れた研修におすすめ

受講者の反応や表情を確認しながら研修を進められることがメリットで、どの座席からもモニター画面が見やすい点も特徴です。

二つ目は会議スタイルの「コの字型」（図2）です。四角形の一辺を取り除いた「コの字型」は受講者がお互いの顔を見ながら意見交流できるというメリットがあり、空いたスペースに研修トレーナーが座ったり、モニターを配置することで「講義型」のよさを取り入れることもできます。

しかし、「コの字型」は形が大きすぎると一体感が失われ、議論が局地的になりがちな点には注意が必要です。また全体がよく見えすぎることで、どこかにパワハラ気質な人がいると、その人に注目が集まりすぎ、受講者自身が集中できない場合もあります。

グループワークを取り入れた研修には、小さな〝島〟を並べる「アイランド型」（図3）がおすすめです。全員が公平に発言機会を得られるように、4〜5人で一つのグループを作るのがポピュラーで、講義とディスカッションを織りまぜた研修に最適なスタイルだと言えるでしょう。ただし、自己主張が強い人ばかりのグループでは収拾がつかなくなり、反対に控え目な性格の人だけが集まってもなかなか議論がはかどらないため、受講者の組み合わせには注意と工夫が必要です。また、受講者の中に被害を訴えている人がいる場合は、加害者と推定される人と同じグループにならないように配慮しましょう。

研修スタイルの選択では、受講者や研修時間などの設定基準を知っておくことも助けになります。受講者の数は最大で30人程度にしましょう。対面であれオンラインであれ、それ以上になると研修トレーナーの目が行き届かず、受講者の反応を把握しきれなくなってしまいます。大人数を対象にした講演型の研修は参加意識が希薄になりがちなので、特にグループワークを実施する場合は避けましょう。また、会場の規模も大きすぎないほうが望ましく、モニターなどの設備があり移動に時間をかけないという観点からも、社内の会議室を使用するのがベターです。

研修時間の目安は一般社員対象で90～120分、管理職は120～180分、ロールプレイを取り入れれば半日から1日、経営層は60～90分で実施することが多いです。できるだけ業務に影響が及ばない日時を設定して、参加することに心理的な抵抗感を与えないようにしましょう。欠席がないようにする日程設定が大切です。一度限りのイベントにしないためには、研修はできるだけ定期的に継続して行うのが効果的です。継続実施は会社の方針やメッセージを伝えることにつながりますが、慣れやマンネリを生まない工夫が必要です。

研修スタイルの選び方

研修スタイルは最初から完璧を求めすぎるのは得策とは言えない。研修トレーナーがハラスメント防止研修を重ねながら、少しずつ理想の形に近づけていくことが大切。

研修トレーナーの役割を知り、必要なスキルを心得ておく

研修前・中・後で、研修トレーナーに求められる能力は異なる

企業のハラスメント対策にはルールの徹底・研修の実施・窓口での対応という三つの柱があり、それぞれ研修トレーナーに求められる役割が異なります。一般的に啓発・研修は従業員の教育や啓発活動が目的で、研修トレーナーが中心的な役割を担います。それに対して窓口対応でのトレーナーの役割は、あくまでも問題の解決に向けた調整役。当事者へヒアリングを行うことはありますが、事実判断や問題解決は別担当者に委ねます。仮にすべてを兼務することになっても、啓発・研修での役割と相談対応の役割は異なることに注意しましょう。

役割の違いによって研修トレーナーに必要な能力も変わります。啓発活動で求められるのは、ハラスメント防止をメールやポスターなど多様な手法で訴える発信力。活動を継続する計画力も必要でしょう。また研修トレーナーとしてぜひ備えておきたいのが、表現力、調整力、傾聴力からなる「研修の場のコミュニケーション能力」です。一つ目の表現力は説明不要ですが、あいまいな言葉による指導では、相手に研修の意図や目的は伝わりません。ただ、研修の場で受講者を説得する必要はなく、必要な知識や事実を客観的に紹介するだけで十分です。主観の押しつけは逆効果になる場合もあります。二つ目の調整力は文字通り、進行管理など研修の場を調整する力です。想定外のトラブルが起きたときの対応力や、参加者を巻き込む力も広い意味で調整力に含まれるかもしれません。

そして最も重要なのが三つ目の傾聴力です。受講者の発言や表情をくみ取って、いかに研修を充実した内容にしていくのかは研修トレーナーの腕の見せどころ。マニュアルに忠実な一方通行型の研修では十分な効果は得られません。窓口対応の際は傾聴力がより重要になります。相談者の心に寄り添い、言葉に耳を傾けて、問題解決までの手助けをするコーディネーターを目指しましょう。

COLUMN

研修は万能薬ではない

研修トレーナーの本質的な役割は“気づき”を与え、変容を委ねること

講師として企業のハラスメント防止研修に携わっていると、担当者から「危機意識が高まるような“恐い研修”にしてください」と依頼されることがあります。しかし恐怖心を煽る研修は、受講者に自己防衛心が働き効果は期待できません。ＮＧ事項を列挙する「べからず集」のみも同様で、聞き手が心のシャッターを下ろしてしまう可能性があります。

では、どうすれば研修を有意義なものにできるのか。私が重視しているのは受講者の実感を尊重し、意識や行動変容への決断を委ねることです。そもそもハラスメント防止研修は即効薬でも万能薬でもありません。問題点に気づいて言動を変えられるかどうかは、受講者の受け止め方に左右される部分も大きく、研修トレーナーが意識すべきは研修の場により多くの“気づき”のきっかけを用意することです。

ハラスメント防止に向けた教育を担う者として、研修トレーナーは“委ねる力”“見守る力”の大切さを心得ておきたいものです。

第３章

研修を設計する

準備編

事前アンケートやヒアリングで社内の実態を把握する

ハラスメントの〝芽〟を見逃さないために

ハラスメント研修の設計は現状把握から始まります。社内の実態を知ることで誰に何を伝えるべきか、研修の方向性が見えてくるからです。現状把握にはアンケートやヒアリング調査が効果的ですが、注意したいのは実施のタイミング。実態から課題を探り、研修内容に反映させることが目的なので、直前では十分な効果は期待できません。少なくとも数カ月〜半年前、できれば定期的・継続的に行っておくのが理想です。

アンケートは○×回答形式だけではなく、「社内で気になることはありますか？」「研修に何を期待しますか？」など自由記述形式にすると、より具体的な意見が集まりやすく有効です。時には「研修で○○さんと顔を合わせること自体が憂鬱《ゆううつ》」といった切実な声が届くこともあり、二次被害を避けるためのリスク管理にもなります。また自由記述形式にすることで「ハラスメントとは思わないけれど、ちょっと気になっていること」のような、日常に埋もれた小さなサインを見つけることもできます。一人ひとりの言葉を注意深く観察して、ハラスメントの〝芽〟を見逃さないようにしましょう。

社内の実態を把握したら、個々の事例がハラスメントである可能性があるか、何が原因になっているのかを、法律や指針、社内ルールと照らし合わせて客観的に考察します。研修に関わる担当者が複数いる場合は、議論を通じて他者の目線を加えることでさらに考察が深まるでしょう。この作業を繰り返すことで自ずと自社の課題が浮き彫りになり、研修設計のヒントとなる情報が得られるはずです。

研修前のアンケートやヒアリング調査は、研修の告知や参加への動機付けというメリットも期待できます。ただ、「アンケートに答えたのだから、きっと研修で問題を解決してもらえる」と考える人もいるため、すでに課題が明確であれば研修の前に対応しておきましょう。一度の研修で問題を解決しようと思わず、事象への対応と啓発・予防・再発防止のための研修を並行していくことが大切です。

準備編

浮き彫りになった課題を精査して研修のゴールを設定する

目的が明確でシンプルなほど、受講者の理解は深まる

社内の実態が把握できたら、次は研修のゴールを設定します。通常、課題が明らかになれば、研修で何を伝えるべきかも自然と見えてくるものです。しかし複雑なハラスメント実態があるときは、ゴールの設定を難しいと感じる人も少なくないようです。

ゴールの設定を難しくする要因として、職場のハラスメントの温床となる課題が一つだけではなく複数存在していて、研修で何に焦点を当てるべきかの判断に迷ってしまうことがあげられます。「この問題や実態は必ず盛り込むべきだ」「このメッセージも外せない」と内容が盛りだくさんになりすぎると、研修を通して伝えたいことがぼんやりと

してしまい、受講する側がうまく情報を処理できず、結局のところ何に注意すればよいのかが分からなくなってしまうことがあります。

そんな事態を回避する方法の一つが、選択基準をシンプルにすることです。例えばアンケートの回答内容や相談内容の切迫度合い、長年解決しない事象、または新たに出てきた事象などを精査して、今回はこのテーマやメッセージにしようと明確にしていくと、自社課題に適した研修内容が見えてきます。

あるいは複数の課題にまたがっている共通点に目を向けるのも効果的なアプローチです。例えば「ハラスメントをなくす行為」と「意見が言いにくい組織風土」という二つの課題があれば、両者に共通する改善案を考えてみましょう。そして、その改善案に対する会社の対応方針を示し、受講者一人ひとりに実践を促すことを研修のゴールにしてもよいでしょう。

研修で避けたいのは、メッセージがぼやけることです。限られた時間の中で、ハラスメントの理解を深め、すべての課題に対する改善のヒントを伝え、考えていくことを促すのは難しいものです。一度の研修で完結させようとせず、継続性を踏まえて、ゴールの設定はできる限りシンプルにしていくことが大切です。

ゴールがシンプルであれば、研修設計もスムーズになります。伝える内容も明快になり、自信を持って研修に臨むことができるでしょう。当然、受講者にも研修の意図が伝わりやすくなるはずです。反対に一度に受け取る情報量が多すぎると、受講者の理解は追いつきません。経験上、一度の研修に盛り込むことができるメッセージは三つまでと考えています。例えばハラスメントの理解、防止の重要性、防止のためにどうしたらよいのか、などは必ず押さえておきたいメッセージでしょう。それ以上のテーマを盛り込むのなら、メッセージを変えた研修を継続して行うほうが受け手の理解は深まるものです。

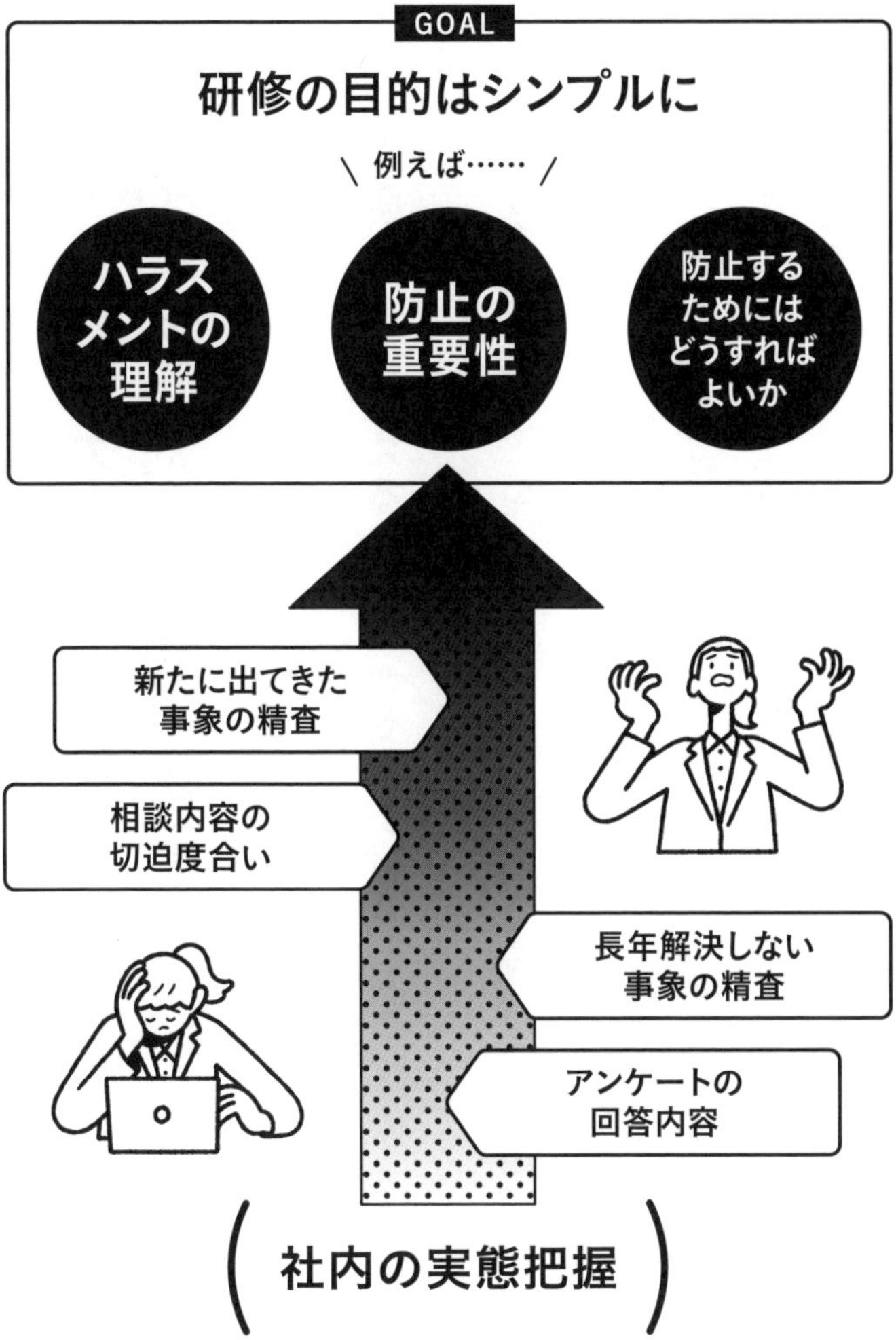

研修の目的はシンプルが鉄則。１回の研修で最大３つのテーマに絞る

準備編

研修テーマや内容に合わせて受講対象者を選出する

"階層"ごとに伝えるべきメッセージは変わる

受講者の選出は「誰にメッセージを届けたいのか」を基準に考えましょう。極論を言えば、研修のゴールが決まった時点で対象者はほぼ絞り込まれているものです。とはいえ、研修トレーナーとして選出方法の種類や注意点は押さえておく必要があります。

ハラスメント防止研修は経営層、管理職、一般社員など、受講者の階層を揃えて実施するのが基本です。その理由は、職務上の立場によってハラスメントに対する視点や課題感が異なるため。経営層と一般社員では、研修で伝えるメッセージも変わります。

また、研修の場に職場の上下関係が持ち込まれると、受講者は研修後の影響を気にして、素直に意見や悩みを口にすることができない可能性があります。周囲の目を気にせず、自由に気持ちを表現できる場を提供することが、階層別に研修を行う一番のメリットです。

立場の違いを超えて相互理解を図るため、あえて幅広い階層から受講者を集めるケースもあります。しかし混成型研修を実施するには、ハラスメントへの理解や会社方針がすでに共有されていることが前提条件になります。このステップを飛び越えて行うと、研修の場でハラスメントが起きてしまう可能性もあります。この他、ハラスメント行為の危険性がある受講者を集めて研修を行うこともありますが、お互いに自分の行為を肯定する場になってしまい、自分の〝気づき〟につながらないことが往々にしてあるため、多様な価値観の人が集まるなかで、自分への〝気づき〟があるように受講対象者を選出することが大切です。事前に明確な説明もないまま集められると、加害者だと決めつけられたと大きな反発が起きる可能性があるため、実施する場合には細心の注意が必要です。

企業のハラスメント対策では経営層の姿勢が重要であるため、最近では経営層を対象にした研修の重要性も高まっています。これらを踏まえると、受講対象者の選出は「階層別」を基準にすることが最も効果的だと思います。

準備編

研修の効果を高めるための最適な実施形態を考える

心理的な安全が保たれた場を用意する

ハラスメント防止研修の実施形態は、大きく3種類に分けられます。それぞれのメリットや注意点を理解し、研修内容や受講対象者に合わせて使い分けることで、研修効果を高めることができます。

一つ目は研修トレーナーが受講者全員に話しかける「講義形式」です。会場全体に目が届くので進行管理がしやすく、伝えたい内容を正確に届けることができます。知識のインプットやハラスメントへの理解促進を目的とした研修に適していますが、受講者は受け身になりがちです。研修トレーナーには正確で幅広い見識と入念な準備が求められ、質疑応答や研修後のアンケートなどで声をあげやすい場づくりの工夫も必要です。

二つ目は「ディスカッション形式」で、受講者に〝気づき〟を促し自己変容を促すことをゴールにした研修に向いています。自己を振り返る時間や、他者との価値観の違いを体験できることが、この受講者参加型研修の特徴で、参加者同士のコミュニケーションが深まり、ハラスメント防止に向けた社内の一体感も育まれます。スムーズな研修進行には一定水準のファシリテーション能力と、十分な研修ツールの準備が必要です。

三つ目は会場の手配が不要で、遠方からも参加できる「オンライン形式」です。画面上の〝仮想空間〟なので集中力の維持が難しく、陰でこっそりと他の業務を行えてしまうというデメリットはありますが、簡単な操作で資料や教材の共有ができ、グループ対話など参加型の要素も取り入れられる便利な研修形式です。また周囲の目や会場の空気を気にせず、率直な意見交換ができる点もオンライン形式の利点です。

すべての研修形態に共通しますが、研修を有意義なものにするためには、受講者が安心して自分の意見を発信できる環境を整えることが重要です。研修の充実度はその一点にかかっていると言っても過言ではありません。多角的な視点から最適な実施形態を選択して、受講者がハラスメント防止を実現するサポートをしていきましょう。

準備編

研修の〝中心軸〟を定め、全体の構成案をイメージする

〝木を見ず森を見る〟ことで全体像をつかむ

受講対象者と研修形態が決まったら研修の全体構成を考えます。構成要素や時間の配分にポイントを置くと、研修の設計がスムーズになります。基本的にハラスメント防止研修は①ゴールの提示、②概論（知識のインプット）、③各論（課題提起）、④解決への実践（アウトプット）、⑤まとめのメッセージという5項目で構成されます。まずは項目ごとに、自社状況に応じたテーマや改善点を書き出しましょう。①と⑤の内容はこの段階で明確にしておきます。そして②〜④の項目で書き出した要素を「絶対に外せないこと」を基準に取捨選択します。すると研修で重点を置くべきポイントが見えてきます。ゴー

ルや実施回数によって研修の〝軸〟は変わるものなので、すべての要素を均等に扱ったり順序にこだわる必要はありません。

構成要素が絞り込めたら軸を中心に時間を割り当てます。10〜15分を1単位としたタイムテーブルを作ると、おおまかな流れがつかみやすくなります。実践ワークの時間設定は個人対象のものは2分、グループ対象のものは10分程度が目安です。全員の発言時間は確保しつつ、必要以上に長くならないようにしましょう。要所に休憩時間を設けておくことも大切です。ただ、実際の研修は計画通りに進まないもの。この時点で構成要素や時間配分を確定する必要はなく、あくまでも研修の全体像をイメージするためのタイムラインだと考えましょう。

タイムテーブルSAMPLE
ハラスメント防止研修 2時間

00:00	挨拶・研修の目的・導入
00:08	ワーク① チェックリスト 個人ワーク
00:10	**ワーク① チェックリスト グループ対話**(10分)
00:20	ワーク① 1〜2グループの発表と講師の解説
00:25	講義
00:40	ワーク② ケース・スタディ 個人ワーク
00:42	**ワーク② 事例検討 グループ対話**(10分)
00:52	ワーク② 1〜2グループの発表と講師の解説
00:55	休憩
01:00	講義
01:15	ワーク③ 適切な伝え方 個人ワーク
01:17	**ワーク③ 適切な伝え方 グループ対話**(10分)
01:27	ワーク③ 1〜2グループの発表と講師の解説
01:30	講義
01:45	**ワーク④ 自分の振り返り 個人ワーク**
01:47	ワーク④ 何人かの発表
01:50	質疑応答
01:55	挨拶・アンケート記入の案内
02:00	終了

タイムテーブルの見本例

準備編

さまざまな視点を盛り込んで細部をブラッシュアップする

リハーサルや模擬研修を重ねてより良い研修を目指そう

大まかな研修設計図が完成したら、タイムテーブルに沿ってリハーサルをしましょう。実際に声に出すことで進行のイメージをつかむことができ、時間配分の再調整が必要な部分や、内容が重複している項目など、具体的な改善点が見えてきます。何度かリハーサルを重ねたら、職場の同僚を相手に〝模擬研修〟をして、意見や感想を求めるのも効果的です。自分とは異なる視点が加わることで解釈や価値観の偏りが改善され、少しずつ内容がブラッシュアップされていくはずです。

他者の意見を採り入れることは、ハラスメント防止に取り組む企業の方針に一貫性や継続性を持たせるうえでも重要です。よほど規模の大きな企業でない限り、ハラスメント研修を担当するトレーナーを複数名配置しているところはありません。異動や転職で担当者が変わるたびに引き継ぎがうまくいかず、一から研修設計を始めるのは避けたいものです。設計マニュアルや進行台本を作成しておくのが理想ですが、少なくとも研修トレーナー個人の知識やスキルに依存せず、ブレのない方針のもとで継続実施できるように体系化しておく必要があります。

幅広い意見を研修に反映させるには、P96で紹介した事前アンケートやヒアリングの活用も有効な選択肢の一つになります。階層や世代の枠を超えてバランスよく従業員の声を集めると、研修を通して伝えるべきことが明確になるかもしれません。

ただし、情報の取り扱いには注意が必要で、あくまでも「研修実施の参考として」の利用に留めましょう。例えば、「○○部でハラスメントが起きている」という回答を研修の中で共有すると、受講者の関心がその事象に向かってしまい、自分への〝気づき〟やより良いゴールへの意識と実践が不明瞭になってしまいます。事前に入手した社内の情報は、研修では具体例として共有しないよう注意しましょう。

実践編

外部データや実践ツールを活用して分かりやすい設計図を完成させよう

資料の完成度で研修の成否が決まる!?

研修ではモニターに投影したり、受講者に配布する資料が欠かせません。いかにハラスメントへの理解を深め、課題解決に向けた提案を論理的に伝えられるか。受講者にとっての教科書であり、研修トレーナーにとっての設計図にもなる資料の内容が、よい研修を実施するうえで大切です。

とはいえ、必要以上に身構えることはありません。研修資料づくりは、受講者に伝えたいことを文字やデザインに書き起こしていく〝復習〟のような作業。実際の研修では資料の内容をかみ砕いて説明するため、一読しただけですべてを理解できる完璧な内容を求める必要はありません。

資料は受講者にとって理解しやすいテーマ、順序で構成していくのが基本です。内容に客観性や信頼性を持たせるため、公的なデータや情報を積極的に引用しましょう。

またハラスメント防止研修では、知識のインプットと実践ワークによるアウトプットを組み合わせることが効果的でしょう。自己分析やケース・スタディなど、実践的なツールを採り入れて参加型の研修を目指しましょう。

何もない状況から資料を作るのは大変ですが、ウェブで検索をすると多種多様かつ利用可能なデータ・ツールが見つかります。また、参考書籍などを利用して自社課題に合わせた内容に置き換えれば、オリジナルツールが完成するので上手に活用してみましょう。

資料づくりを通して研修の骨格ができれば、自信を持って壇上に立つことができます。しっかりと時間をかけて取り組みましょう。

研修資料づくりのヒント

文字情報だけの資料は要点が伝わりにくく「見てみよう」という意欲も削がれてしまう。シンプルな内容を心がけて、イラストやグラフを活用して視覚に訴えるのも効果的。

実践編

「考える余白」を残すことが研修構成と教材作成のポイント

インプットとアウトプットのバランス調整がカギ

一般的にハラスメント防止研修は、①知識のインプット、②他者との対話、③内省(気づきと実践への動機付け)の3要素で構成されます。重要なのはバランスで、ハラスメントへの理解度や自社状況に応じて3要素の比率を調整することが、明確な意図を持った研修にするための秘訣です。しかし実際に研修設計を進めていくと、どの要素に重点を置くべきかに悩んで、資料の数だけが増え続けてしまうことも。そんな時は一度基本に立ち返ってみましょう。ハラスメント防止研修の目的は、正しい理解をもとに自己を振り返り、内省的な〝気づき〟を促すこと。つまり受講者が自ら考える場にすることが大切で、「考える余白を残す」という視点を持つことで伝えるべきことが明確になり、研修の焦点が絞り込めるかもしれません。

特に対話や内省などの実践ワークでは、正解や適切な対応を示すことは避け、受講者の〝気づき〟に主眼を置くことがポイント。考える余白がない一方的な資料や解説では、研修そのものが無機質な「べからず集」になってしまうので注意しましょう。一方、「知識のインプット」では事実を客観的に伝え、原因と結果の関係性や論拠を分かりやすく明示します。ただ、法律の文言をそのまま資料に記載したり、一言一句を読み上げる必要はありません。資料はあくまでも資料。特に口頭での説明は、受講者が理解しやすい言葉に意訳して、ポイントを端的に伝えることを意識しましょう。そして研修構成や資料作成における最重要事項は、常にポジティブな思考や表現を心がけること。ネガティブなテーマを扱うことも多いハラスメント防止研修だからこそ、受講者の心に響く前向きなメッセージに変換する習慣を身につけましょう。

文字と言葉の補完関係

伝えたい内容をすべて資料に書き込んだり、研修時に読み上げるのは非効率。資料と解説は補完関係が基本で、簡潔な文字を見せながら、分かりやすい言葉で説明しよう。

実践編

ポジティブなメッセージをサブタイトルに込めよう

研修のゴールを柔らかな言葉で表現する

レジュメの表紙は研修テーマを表す〝顔〟。告知用の掲示物に利用することもあるので、一目で研修内容が伝わるように工夫しましょう。表紙づくりで気をつけたいのはサブタイトルの付け方です。「ハラスメント防止研修」という文字だけでは堅苦しい印象を与えてしまうので、できるだけ親しみやすい言葉を選び、研修のゴールをしっかりと伝えるのが基本です。例えば「誰もが働きやすい職場づくりのために」というメッセージを添えることで、受講者は研修の意図や目的をイメージしやすくなります。「より良いコミュニケーションのために」や「風通しのよい職場づくりのために」といったフレーズも、研修にポジティブなイメージを抱かせるのに効果的です。反対に「ハラスメント根絶宣言」など仰々しい表現は避けましょう。受講者の興味や期待をくすぐる言葉選びができれば、モチベーションが高まり、研修をスムーズに始められるはずです。

表紙の後には研修内容を要約したプログラムを用意しておきます。細かなタイムラインまで明記する必要はありませんが、大まかな流れを紹介することで受講者は「研修で取り組むこと」がイメージできます。特にディスカッションやグループワークを予定している場合は、研修冒頭に告知しておくことで進行がしやすくなると思います。

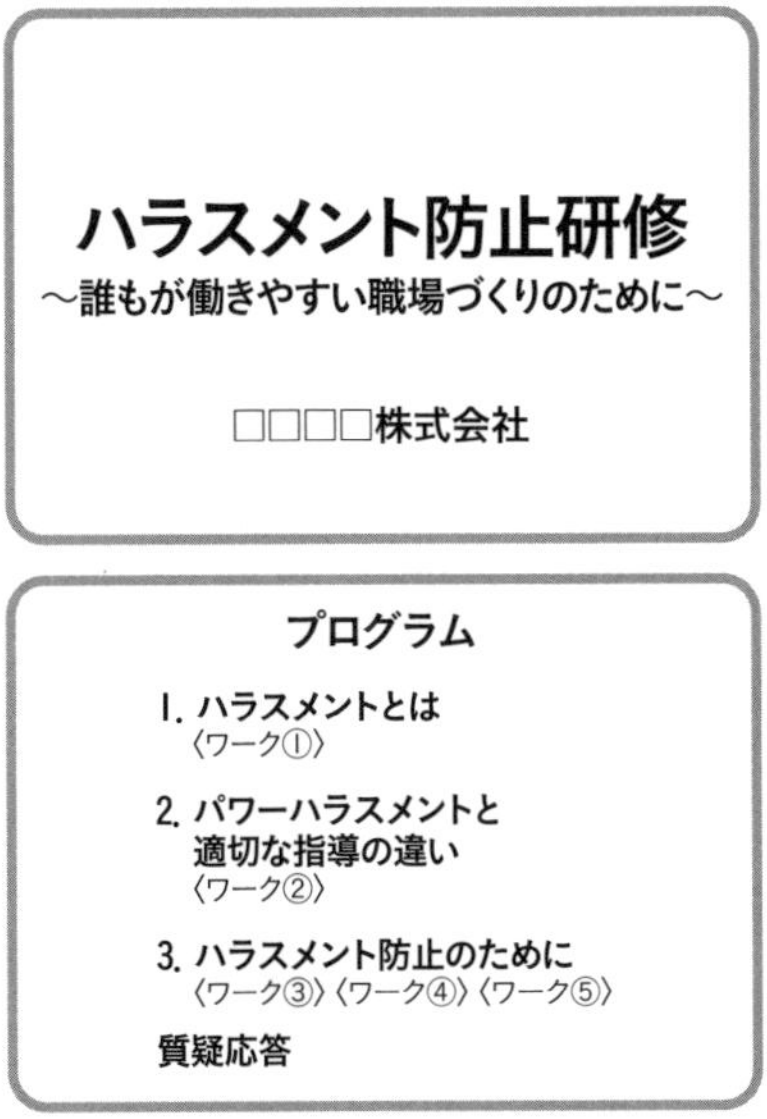
ハラスメント防止研修
〜誰もが働きやすい職場づくりのために〜
□□□□株式会社
プログラム
1. ハラスメントとは
〈ワーク①〉
2. パワーハラスメントと
適切な指導の違い
〈ワーク②〉
3. ハラスメント防止のために
〈ワーク③〉〈ワーク④〉〈ワーク⑤〉
質疑応答
表紙の後にプログラムを用意する

表紙やプログラムは全体構成や資料づくりを終えた後のほうが、より研修内容を反映しやすく効率的です。また、サブタイトルと同様、柔らかなイメージを与えられるように視覚的な工夫も考えましょう。

実践編

研修冒頭のチェックリストで受講者の心を和らげる

スムーズな研修進行にアイスブレイクは必須

研修の導入部分の進め方は、経験を積んだ専門講師でも特に気を使うものです。自己紹介を終え、研修の流れを説明した後、スムーズに本題に入ることができれば理想的ですが、なかなか思い通りにはなりません。とりわけハラスメント防止研修では、ネガティブなイメージを抱いて〝心の壁〟を作っている受講者が少なくありません。そんな状況でハラスメントの概念や難しい法律の解説を始めても、会場の雰囲気は重苦しくなるばかり。場の空気を和らげ、心の壁を取り払う方法を、研修トレーナーは知っておきたいものです。

例えば研修の冒頭にアイスブレイクを兼ねて、グループ対話の機会を設定しておくことも効果的な方法です。グループ対話の切り口はさまざまですが、ハラスメントに関する簡単なチェックリストに取り組んでもらえば、受講者間のコミュニケーションが生まれ、研修内容のイメージもつかみやすくなるでしょう。ハラスメントの理解に個人差がある段階で取り組むことで多様な意見に触れ、他者との違いを知ることができるのも研修冒頭でチェックリストを行うメリットの一つです。

チェックリストではいくつかの具体的な状況を提示して、「その言動がハラスメントに該当するかどうか」を○×形式で選んでもらいます。「励ましの意味で上司が部下の頭を軽くたたく」「上司が部下のミスを叱責するメールをCCで送る」など、一般的な状況・言動を取り上げつつ、できるだけ自社で起こりうる内容にすることで、より活発な意見交換が生まれやすくなります。

設問づくりで注意したいことは、ハラスメントに該当する言動

議論活性化のヒント

チェックリストの狙いは、自分ごとに置き換えて考え、議論すること。設問に盛り込む情報量をあえて少なくすることで、さまざまな意見を引き出して議論を活性化することも可能。

と該当しない言動の比率です。あくまでも経験上ですが、考える余白がなく最終的にすべてのチェック項目がハラスメントに該当する設問になると、受講者の意識が「○か×かのジャッジ」に向かってしまい、本来の目的から遠ざかる可能性があります。チェックリストはあくまでも「ハラスメントとは何か」を受講者自身に考えてもらうための〝きっかけ〟づくり。特に研修冒頭で行う場合は心の壁を取り除くという意図が強く、設問づくりでは正解探しを目的にしないという意識を持つことが大切です。

設問の中に研修テーマを盛り込もう

ハラスメントかそうでないかの比率に作成者側の意図を持たせることで、間接的に研修テーマを伝えることもできます。例えば左頁の作例見本では10の言動を並べていますが、該当しない言動は⑩のみで、①〜⑨はすべて該当する言動にしています。この設問比率には、研修中盤で解説する「適切な指導とハラスメントの違い」というテーマへの布石にするという狙いが隠されています。このように研修内容との関連性を意識することで、設問づくりがしやすくなり、研修内容にも一貫性を持たせることができます。

これはハラスメントでしょうか？

□ 1.　上司が励ましのつもりで軽く部下の頭をたたく。
□ 2.　上司がふざけて部下の容姿をからかう。
□ 3.　上司が叱責するメールをCCで他の部下にも送る。
□ 4.　部下が相談すると、上司はいつも「あとで！」と言い、相談にのらない。
□ 5.　ある社員同士の仲が悪く業務にも支障が出ているが、上司は関わらない。
□ 6.　会議中に、上司が部下に注意しながらPCをたたく。
□ 7.　上司が部下に「いい人いないの？」と言う。
□ 8.　上司が部下へ「なんで1年たってもできないのかなあ」と言う。
□ 9.　時間外に上司が部下に仕事の連絡をしょっちゅうしてくる。
□ 10.　上司が部下へ間違った部分を「ここは違うよ。気をつけよう」と言う。

作例見本

チェックリストは①個人での考察、②グループ対話、③代表者による発表、④解説をワンセットにして行います。①と②の実施時間は4～5名のグループで約10分を目安にして、必ず一人ひとりが意見を語る時間を確保します。そしてグループ対話の後は代表者に議論の内容を発表してもらいましょう。「意見が分かれた設問は？」「どのような意見でしたか？」と問いかけると、「伝え方が大切」「もっと相手の気持ちを考えよう」など、研修テーマに重なる重要なキーワードが集まるはずです。さまざまな意見を共有するため、最低2グループに発表を行ってもらい、受講者の声を一つひとつ丁寧に拾い上げて、中盤から後半での解説に生かしましょう。

実践編

なぜ知識が必要なのかを理解してもらおう

“伝わりやすいレジュメ”のポイントは1枚の情報量

ハラスメント防止研修の3要素の一つである「知識のインプット」では、事前に「なぜ学ぶ必要があるのか」を明確に示しておくことが大切です。例えばハラスメントのリスクを解説したり、グローバルな社会問題となっていることを受講者に伝えることで課題意識を喚起し、知識習得に対するモチベーションを高めましょう。

職場でハラスメントが起こると、被害者や加害者だけではなく、周囲や組織全体にさまざまな影響が及びます。ハラスメントのリスク解説では、それぞれの立場で想定される具体的な影響（ダメージ）を簡潔な表現で提示します。すでに認知されていることであっても、リマインドの意味も込めて必ず文字化しておきましょう。投影用のレジュメは見やすさを重視して、シンプルな内容にするのが基本。情報を精査して無駄を省くほど、受け手にはメッセージが伝わりやすいので、情報量が多すぎると感じたら無理に1枚に盛り込まず、複数枚に分けるとよいでしょう。

実際のレジュメを見てみましょう。P200のレジュメはハラスメントのリスクを2ページに分けて解説しています。1枚目は被害者や加害者、傍観者が被るダメージを一覧にして記載。箇条書きにすることで「退職」「信頼の失墜」「法的責任」など、ハラスメントが与えるダメージの大きさが伝わりやすくなっています。そして2枚目は組織が被るダメージとリスクの因果関係が、矢印を使って効果的に表現されています。そして個人への影響と、組織への影響を分けることで、立場や視点による違いをより詳しく説明できそうです。また複数枚に分ければ1枚のレジュメの投影時間も短くなるため、研修進行のテンポを作りやすいとい

リスク解説での注意点

「自殺」や「ブラック企業」といった表現は問題の重大性を伝えやすい反面、今、傷ついている人がいた場合のフラッシュバックや、言葉そのものが受講者を傷つける恐れがあるので注意。

う効果も考えられます。

それに対して文字をただ並べただけのレジュメでは、受講者はどの部分に注目すべきか迷ってしまいそうです。リスク解説の目的は課題意識を喚起して、受講者のモチベーションを高めること。レジュメづくりでは常に〝見やすさ〟を意識しましょう。

レジュメをもとにした口頭解説では、書かれている文言をすべて読み上げる必要はありません。例えば左頁のレジュメ解説なら「被害者の心の健康に影響して、最悪の事態にも発展しうる」「加害者は信頼を失って、法的な責任を問われることもある」など、ポイントを要約すると受講者は理解しやすく、研修トレーナーの負担も軽減できます。さらに「SNSで情報が広がれば、企業のイメージが悪化して採用力にも影響が及ぶ」など、現実的な課題とリンクさせて説明すると効果的でしょう。

受講者の課題意識を喚起するうえでは、最新のハラスメント事情の解説も有効な切り口です。ハラスメントに関するニュース報道や相談件数の増加など、多角的な情報をレジュメに盛り込み、解決すべき社会問題であることを伝えましょう。なかでも都道府県労働局の窓口への相談件数は、毎年調査結果が公表されているので必ず紹介します。多くの人がハラスメントに悩んでいる現状を理解できるだけではなく、「社外の窓口に相談してもよい」という安心感を与えられ、ハラスメント防止に対して組織として公正明大に取り組んでいるというメッセージにもなります。

ハラスメントのリスクとは

◉被害者が被るダメージ
心身の不調、退職、自殺など

◉加害者が被るダメージ
処分、信頼の失墜など

◉組織が被るダメージ
人材喪失、社会的信頼の失墜など

◉傍観者が被るダメージもある

伝わりやすい資料は文字が大きく見やすい。情報や因果関係が簡潔にまとまっている

そして研修導入部分の最後は「行為者の加害意識が希薄なこと」「グレーなハラスメントが減らないこと」「小さなギャップがハラスメントに発展する」など、研修内容の予告で締めくくるようにしましょう。

あくまでも研修へのイントロダクションなので、詳細にこだわる必要はありません。むしろ「今日は自分を俯《ふ》瞰《かん》して、日頃の言動を振り返る時間にしましょう」というシンプルなメッセージをモニターに投影することで、受講者のポジティブな姿勢を引き出すことができるかもしれません。

実践編

実践型研修の材料となる知識をインプット

職場の範囲や傍観者の存在にも触れよう

「知識のインプット」はハラスメントの概念の解説から始めます。難しい表現は使わず、「相手を悩ませ、追い詰めること」「相手の人格や尊厳を傷つけること」といった分かりやすい言葉に置き換えて、ハラスメントに対する考え方の基準を示します。次に社会に存在するハラスメントの種類も簡単に紹介しておきましょう。レジュメで一覧表記するとその〝多彩さ〟が伝わるでしょう。ここで種類を紹介する目的は、ハラスメントへの認知が社会に広まり、課題として顕在化している事実を理解してもらうこと。つまり「かつては問題とされなかった言動を気にする人が増えている」と受講者に伝えることが目的なので、詳しい説明は必要ありません。アルコールハラスメントであれば「飲み会の場も戻ってきましたね」、ジェンダーハラスメントなら「さまざまな場面で男女格差がクローズアップされていますね」と伝え方に意識を向け、ハラスメントが身近に潜む問題であることを感じさせましょう。自社課題を考慮して個別に紹介すべきハラスメントがあれば、別途レジュメを作成して研修中盤に解説する時間を用意します。

またオフィスだけではなく、さまざまな空間が「職場」に含まれることも必ず解説します。取引先との打ち合わせ、移動中や懇親会・接待の場、オンラインやSNSでのやりとりなど、想定される事例を具体的にあげて、職場の範囲が広いことを伝えましょう。そして「傍観者の存在」に触れることも大切です。職場のハラスメントは見て見ぬ振りをすることで問題が深刻化する恐れがあり、防止には加害者・被害者にならないことはもちろん、傍観者にならないことが重要だと意識付けるようにしましょう。

ハラスメントの定義はかみ砕いて伝える

職場の三大ハラスメント（セクハラ、マタハラ、パワハラ）については、関連する法律や定義をレジュメにまとめて正確に、丁寧に解説することを心がけます。繰り返しになりますが、レジュメはあくまでも投影用資料という位置付けに留め、解説の際は内容をかみ砕いて伝えましょう。解説は法律が成立したセクハラ、マタハラ、パワハラの順序で行うのが一般的です。現在最も関心の高いパワハラの説明を最初に持ってくると、セクハラ・マタハラへの意識が薄れてしまう可能性もあります。ハラスメント問題の流れを把握するという点でも、法整備された時系列に沿って解説するのがベターと考えています。

セクハラの解説は、「受け手が不快と感じるかどうか」が大切なポイントになります。セクハラに該当する「性的な言動」の説明は、代表的なものをレジュメにまとめてモニターに投影しますが、すべてを口頭で伝える必要はなく、必要なものだけをピックアップするようにしましょう。事前アンケートなど具体的な事例を取り上げる場合は、二次被害につながらないように配慮が必要です。また同性間、女性から男性、ＬＧＢＴＱ（性的マイノリティ）に対するものなど、セクハラに当たると考えられる内容が増えている点も忘れずに説明しましょう。

マタハラやケアハラの解説では、「育児・介護休業法」や「男女雇用機会均等法」で防止が定められていることを提示します。レジュメで定義を紹介しつつ、職場で実際に起こりがちな事例を取り上げたり、「お互いに助け合う気持ちを大切にしましょう」とポジティブメッセージを添えると、受講者の〝気づき〟が得やすくなります。

パワハラに関しては「職場におけるパワーハラスメント」の定義をできるだけ正確にレジュメに書き起こしましょう。そして①優越的な関係を背景とした、②業務上必要かつ相当な範囲を超えた言動により、③就業環境を害すること（身体的もしくは精神的な苦痛を与えること）という3要素を分かりやすい言葉（口頭解説）に変

伝え方の“角度”を変える

ハラスメント解説では「〇〇な言動はNGです」と説明するより「まさか〇〇な言動はないですよね」と伝えるほうが聞き手に考えてもらうことができ、効果的なことがある。

換して伝えます。左頁のレジュメように対策義務化の流れや目的を添えると、より防止の必要性を強調できるでしょう。また「優越的な関係」は上司↓部下に限らず、雇用形態、年齢、スキルの優劣など多様な優越性が存在すること、「業務上必要かつ相当な範囲を超えた言動」の解釈は人によって異なり、客観視することが重要なことも必ず伝えます。「優越的な関係」や「業務上必要かつ相当な範囲を超えた言動」については、前後に実施するアンケートやチェックリストの内容とリンクさせて解説すると効果的です。

パワハラに該当する言動は6類型（p33参照）に分けてレジュメで紹介し、実例に置き換えて説明するようにしましょう。『なんでできないのか』といったグレーな発言が問題になりがち」「期待を込めて難しい課題を与える場合は、その意図を説明しないと過大な要求になってしまう可能性がある」と伝えることで、受講者の実感を引き出しやすくなります。

また最近はパワハラと関連させ、モラルハラスメントやロジックハラスメントについて解説する企業も増えています。特にモラルハラスメントは職場の三大ハラスメントの根源となっている場合が多く、補足として説明すると有効です。モラルハラスメントの概念や具体的言動、行為者に罪悪感がないという特徴をレジュメで紹介し、「気になる

パワーハラスメント防止法の制定

労働施策総合推進法（労働施策の総合的な推進並びに労働者の雇用の安定及び職業生活の充実等に関する法律）により、職場におけるパワーハラスメントの防止対策が事業主に義務づけられた。対処方針を示す、研修を行う、相談窓口の設置などが義務付けられた。取り組まない場合は行政指導の対象となる。大企業は2020年6月、中小企業は22年4月から適用。

職場におけるパワーハラスメントとは？

以下の3つの要素をすべて満たすもの
① 優越的な関係を背景とした
② 業務上必要かつ相当な範囲を超えた言動により
③ 就業環境を害すること（身体的もしくは精神的な苦痛を与えること）

※すべての要素を満たさなくても、個別の事案の状況等によってハラスメントとみなされる場合があります。

対策義務化の流れや目的を添えると、より防止の必要性を強調できる

言動があれば1人で悩まず、相手と対話をしましょう」と口頭で防止に向けたアドバイスを送りましょう。

そしてパワハラの解説では、適切な注意・指導はパワハラに該当しないという点にも必ず触れる必要があります。この段階で適切な指導とパワハラの違いを詳しく説明する必要はありません。しかし一つひとつの個が集まった職場では、さまざまなギャップが存在すること、そして物事の捉え方は立場や状況によって異なることを伝え、「解釈の違いを知るために研修で他者と対話しましょう」と動機付けができれば、研修をより質の高いものにすることができます。

実践編

ハラスメント防止に欠かせない客観的な視点を身につける

〝違い〟を知るにはケース・スタディが最適

「知識のインプット」を終えたら、実践型ワークによるアウトプットを通じて、さらにハラスメントへの理解を深めます。相手の立場で考え、他者との違いを知るにはケース・スタディが最も効果的です。

ケース・スタディの目的は〝問題だと思われる言動〟に対して、送り手と受け手の気持ちを想像し、原因や解決への糸口を探ること。提示する事例には「一方通行型のコミュニケーション」や「グレーなハラスメント」など研修で学んできたテーマと、その結果として生じる職場や周囲への好ましくない影響を盛り込みます。例えば事前アン

職場でのケース　**Aさん…チームのメンバー　Bさん…Aさんの上司**

Aさんはおとなしい性格である。上司Bさんは責任感が強く、仕事がうまく進まないとイライラした様子を見せる。ため息交じりに冷たい口調で「他の人はできていますよ」と注意されることも多く、AさんはBさんに相談や質問をしづらいと感じている。ある打ち合わせの際、ミスを繰り返すAさんと周囲のメンバーに発破をかけようと、Bさんは皆の前でAさんを注意した。

B「なぜ同じミスばかりするのですか！ 他の人はしていません。あなたのような人は見たことがない……ミスをカバーするまでは絶対に帰らないでください！」

Aさんは「反省しているけれど、なぜこんな言われ方をされるのだろう」と思ったが、意見を言うとさらに怒られるような気がして何も言わなかった。次第に仕事へのやる気もなくなっていき、Bさんが声をかけてもAさんは返事をしなくなった。

(1) あなたはAさんがどう感じていると思いますか？

(2) あなたはBさんがどう感じていると思いますか？

(3) AさんとBさんは、どのように対応を変えれば関係性がよくなると思いますか？

ケース・スタディの目的は上司と部下、双方の視点に立って考え、改善点を探ることにある

ケートや参考文献で見つけた事例を土台にして、自社で起こりうる状況に置き換えると比較的スムーズに作成できます。人物の性格や職場での関係性、その言動が生まれた経緯を明確にするとより具体性が増すでしょう。

上のレジュメは指導のあり方について、上司と部下、双方の視点に立って考え、改善点を探ってもらうことを目的とした作例見本です。上司の発言に至る背景や理由、結果として部下に与えた影響が簡潔にまとまっ

ています。ケース・スタディは違いを知るために行うので、グループ対話で自由に意見を語り合ってもらいましょう。この情報量であれば対話時間の目安は約8分。受講者からさまざまな意見が集まるので、代表者に議論内容を発表してもらい解説につなげます。

解説用のレジュメは事例作成と並行して準備すると効率的です。「ハラスメントの〝芽〟となる思い込み」「グレーゾーンについて」「パワハラと適切な指導の違いとは」といったテーマでレジュメを作っておくと解説がしやすくなるでしょう。実際にレジュメを投影しながら「〇〇という言葉が出てきましたが、この部分に重なりますね」と、受講者の声を反映させることでより理解が深まるでしょう。

解説では単に「NG項目」を並べるよりも、受講者への〝問いかけ〟を重視しましょう。内省を促し〝気づき〟を得てもらうには「『これくらいは許されるだろう』と思っていませんか？」「『厳しく指導しなければ部下は成長しない』という考え方を疑ってみましょう」といったアプローチのほうが効果的です。またグレーゾーンや思い込みに関する説明は、文章や言葉だけでは伝わりにくいもの。特に時代によってハラスメントと感じる言動の範囲が変わっていることや、ハラスメントの〝芽〟となるギャップの存在についての説明では、左図のようにイメージ図を添えて視覚的に訴えるのも有効です。

またパワハラと適切な指導の違いの解説では、上司の役割を明確に示すことが大切です。最近は適切な指導さえパワハラだと考える人が増えているため、誤解を防ぐためにも必ず伝えるようにしましょう。円滑な業務進行のため、上司には部下を指導・注意する役割が与えられていて、育成のために必要かつ正当な指導はパワハラにはなりません。そのうえで上司は、「指導法は相手にとって効果的か」「日常的に繰り返される厳しい指導を部下はどう感じるか」と想像することが重要だと丁寧に問いかけましょう。また、ハラスメントを恐れて指導を放棄すると、新たなハラスメントを生む要因となることの説明も忘れないように。上司が指導に及び腰になってしまうと、ハラスメントが連鎖してしまいます。積極的なコミュニケーションを心がけ、互いに歩み寄ってギャップを埋めることの重要性を上司と部下の双方に伝えましょう。

時代によるNGの変化

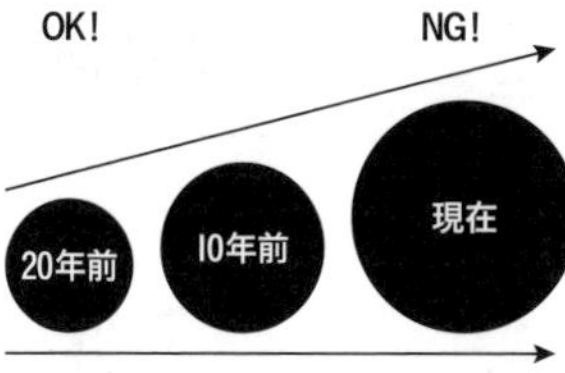

「ハラスメントだ！」と感じる言動の範囲は時代とともに変化している。20年前はOKでも今はNGということも。自身が厳しい指導を受けてきた人は要注意！

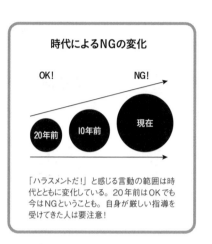

実践編

固定観念や思い込みを取り払うリフレーミング

ポジティブシンキングとの違いは?

思い込みを見つめ直し、客観的な視点で考えるためには、物事の枠組み(フレーム)を捉え直す「リフレーミング」も有効です。リフレーミングはもともと心理学の分野で発展した思考法で、固定観念にとらわれることなく、幅広い視点から状況や出来事を解釈し直すことを指します。よく似た概念にポジティブシンキングがありますが、実は両者は似て非なるもの。ポジティブシンキングが単純に「前向き」「プラス方向」に物事を捉える思考法であるのに対し、リフレーミングは「相手の立場に立つ」「相手を理解して共感する」ことを前提としているのが特徴で、人間関係を円滑にする手法の一つとしてビジネスや教育の現場で広く活用されています。

リフレーミングは状況、行動、時間軸など、さまざまなものを対象に行うことができます。最もポピュラーなのは言葉の意味や捉え方を置き換えるリフレーミングで、ハラスメント研修では「性格」や「行動特性」を別の角度から解釈し直し、発想の転換を促すトレーニングとして採り入れるのが効果的です。P137のようなワークシートを用意するだけで、簡単に実施することができます。

シートの片側に「気が弱い」「頑固」など行動特性をいくつか並べ、新しい視点で捉え直した言葉を空欄に書き込んでもらいましょう。さまざまな〝置き換え〟を受講者から引き出せるように、多面的な性格と行動特性を事例にあげ、回答欄のスペースを広くするとよいでしょう。

シートづくりで悩んだときは「リフレーミング」「ネガポジ変換」などについて調べてみると、たくさんの情報が見つかるので

リフレーミングのポイント

柔軟な発想で考えてもらうためにも、“置き換え前”の性格や行動特性については「ネガティブだと思われがちだが、決して悪いものばかりではない」と伝える。

参考にしましょう。また、リフレーミングは個人ワークにすることもできますが、多様な視点に触れ他者との違いを理解するためにも、ぜひグループワークとして取り組みたいものです。正解探しではないので、短時間集中型で楽しく議論してもらうことを第一に考え、対話時間は5分以内を目安にして、最後に受講者全員で回答を共有します。

視点を変えると新しい関わり方が見えてくる

性格や行動特性のリフレーミングは、他者の個性を肯定的に受け入れて、長所に目を向ける作業だと言い換えることもできます。例えば、同じプロジェクトメンバーのAさんに対して「自己主張が強くて神経質な人」という思い込みがあると、協力して仕事を進めていくことにストレスを感じ、相談することさえもためらってしまいそうです。しかし「細かな部分にまで目が行き届き、問題点を的確に指摘してくれる人」という見方ができれば、Aさんを信頼できるプロジェクトメンバーだと感じられるかもしれません。このように考え方の前提が変われば、その人に対する印象は大きく変化します。当然、コミュニケーションの取り方も変わるでしょう。つまりリフレーミングの狙いは、ハラスメントとならない〝円滑な人間関係構築〟のための〝気づき〟を与えることにあるのです。また、リフレーミングは自分自身の言動や性格を客観的に振り返って、自己変容につなげるうえでも有効なアプローチ方法です。日頃からリフレーミングする習慣を身につけることがハラスメント防止に役立つことをしっかりと受講者に伝えましょう。

蛇足になりますが、ゲーム感覚で取り組めるリフレーミングは、会場の雰囲気を変える手段としても最適です。そもそもハラスメント防止研修はセンシティブなテーマを扱うことが多く、「○○してはいけない」「□□に気をつけよう」といった解説ばかりでは受講者も疲れてしまいます。会場全体の様子を見ながら効果的なタイミングでリフレーミングを行うことで、受講者の気持ちもリフレッシュされ、研修に対する集中力を維持することができます。

リフレーミング練習
～ポジティブな表現に置き換えよう～

性格や行動特性	置き換え
おせっかい	例)面倒見がよい、世話好き
気が弱い	
要領が悪い	
暗い	
頑固	
自己主張が強い	
神経質	

ワークシート

実践編

自他尊重のコミュニケーションスキルを身につけよう

職場に潜んでいる小さな予兆を見逃さないように

自分や相手を客観的に見ることができれば、勤務態度や職場の雰囲気の変化に気づきやすくなります。「最近口数が減った」「離席する時間が長い」「オフィスの空気が張り詰めている」。こうした小さな予兆を察知することが、職場のハラスメントを防止するカギになります。ハラスメントは事態が大きくなってから表面化する傾向が強く、陰口や噂話が耳に届いたり、仕事を休みがちになる人が現れてからでは対処が難しくなります。気になる予兆があれば放置せず、問題が大きくならないうちにしっかりと〝芽〟を摘むことが大切なのです。

小さな予兆に気づいたら、適切なタイミングで声をかけて、状況を把握するように努めましょう。しかし職場のハラスメントの悩みは、なかなか口に出して訴えにくいもの。悩みを抱えている人に素直な気持ちを話してもらうためには、相手を理解する気持ちを示して、じっくりと耳を傾ける「傾聴力」を意識することが大切です。

また、相談しやすい「場」を用意することも重要です。一方的に質問を繰り返したり、「あなたにも改善すべき点があるのでは？」と主観を入れるのは禁物。相手が心を閉ざしてしまえば、状況を正確に把握して適切に対応することはできません。「話す」と「聴く」の比率は2対8が理想。とにかく傾聴を心がけて主体的に話してもらうようにしましょう。

また職場でのコミュニケーションでは「何を伝えるか」よりも「どう伝わっているか」に意識を向けると効果的です。特に上司・部下のコミュニケーションでは「アイ（I）メッセージ」で伝えることを意識しましょう。アイメッセージは〝私〟を主語にして伝え

相手の心を開く傾聴力

職場のハラスメント防止・早期対応のポイントとなるのは傾聴力。「話す2割」「聴く8割」のバランスを心がけ、「何を伝えるか」よりも「相手にどう伝わっているか」を意識しよう。

	アイ(I)メッセージ	ユー(YOU)メッセージ
メリット	●表現が柔らかくなる ●自分の意思や要望を伝えられる ●相手の気持ちを尊重できる	●意見を直接的に伝えられる ●指示や命令ができる
デメリット	●遠回しな表現になりやすい ●指示や命令ができない	●相手との関係性が悪化しやすい ●自分の気持ちが相手に伝わらない ●強い口調になりやすい

るコミュニケーション手法で、相手への配慮を示しながら「(私は)○○だと思う」「(私は)□□してほしい」と自分の意思を伝えるので、柔らかな印象を与えることができます。反対に〝あなた〟を主語にした「ユー(YOU)メッセージ」は、「(あなたは)○○だと思わないのですか?」「(あなたは)□□すべきだ」と強い口調になりがちで、非難や命令のニュアンスとして相手に受け取られる可能性があります。

アイメッセージは自分の気持ちを伝えつつ、相手に判断を委ねている点で自分も相手も尊重したコミュニケーションだと言えます。人間関係が良好になり、自分の考えを再確認することにもつながるため、ミスを指摘したり要望を伝える場面では、常にアイメッセージを意識したいものです。特に管理職層やリーダー層を対象にした研修では、部下の指導で気をつけたいことの一つとして、右頁のようなレジュメを使って解説すると効果的でしょう。そして「私は○○だと思いますが、あなたはどう思いますか？」「私は□□してほしい。あなたの意見も聞かせてください」など〝私〟と〝あなた〟を併用した双方向のコミュニケーションを提案して、自身の言動を振り返ってもらうと理解が深まります。

アサーティブ・コミュニケーション

アイメッセージのように、相手に配慮しつつ自分の気持ちを伝える手法を「アサーティブ・コミュニケーション」と言います。自己表現の方法は大きく三つのタイプに分けることができます。一つ目は相手よりも自分を優先する「攻撃型」。自分の意見をはっきりと伝えられる反面、一方的に主張を押しつけるため表現

話し言葉以外のアイメッセージ

アイメッセージはチャットやメールといった、非対面型コミュニケーションでも効果的。また、非言語で感謝の気持ちを笑顔で表現することもアイメッセージになる。

が断定的、他者否定的になりがちで、相手と軋轢《あつれき》が生まれやすいのが特徴です。二つ目は自分よりも相手を優先する「受け身型」。いわゆる〝聞く耳〟を持っているため相手は話しやすいのですが、いつも相手の態度や反応を気にして感情を抑え込んでしまうため、なかなか自分の意見を伝えることができません。そして三つ目が両者のよい面を組み合わせ、自分も相手も大切にする「アサーティブ（自他尊重）型」です。自分の主張だけを押し通すのではなく、相手を尊重しながら対等な関係で意見や要求を表現し合えるため、職場のコミュニケーションには理想的なタイプだと言えます。

アサーティブ・コミュニケーションは、伝える要素を五つに分類して、論理的に組み合わせると理解しやすくなります。論理構成は①事実→②気持ち→③要望→④プラスのゴールイメージ→⑤提案を基本にします。実際に、部下に新たな仕事を依頼する場面を例にあげて考えてみましょう。まず初めに「新しい業務ができた」と事実を提示します。次に「あなたには知識も経験も十分に備わっている」「新しい業務をぜひあなたに任せたい」という気持ちと要望を告げます。そのうえで「この業務を経験することで、さらに視野が広がりスキルが磨かれるだろう」とプラスのゴールイメージを与え、「自分も積極的に協力するのでチャレンジしてみませんか」と提案します。どうでしょう？

メッセージに期待感が込められていて、単に「あなたに新しい業務を担当してもらいます」と伝えられるよりも、部下は前向きに受け止めてくれるのではないでしょうか。ぜひ研修での学びのおさらいとして、自他尊重の自己表現の方法、アサーティブな関わり方について解説してみてください。左上のようなワークシートを用意して、アサーティブ・コミュニケーションの練習に取り組んでもらうのも効果的でしょう。まずは個人で考えた後、グループの中で回答を比較し合ってもらうと、さまざまな伝え方を知ることができます。それぞれの人生で培われた価値観や、成長過程で身につけてきた考え方を変えるのは簡単ではありませんが、伝え方はトレーニングによって変えられます。また、自社の課題に合わせて「相手の主張を引き出す方法」や「傾聴力」に焦点を当てたグループワークにする方法も考えられます。うまく研修内容とリンクさせることで、受講者に〝気づき〟を促しましょう。

部下に作成した資料の修正を依頼するとき

「あなたの資料には具体例がなく説得力がありません。このままでは提出できないので明日までにやり直してください」

ヒント　相手は言われたことは理解しつつも、傷つくこともあります。

回答例はp201を参照

実践編

自己変容の足がかりになる自己振り返りシート

前向きなメッセージで研修を締めくくる

研修の終盤には「自己の振り返り」をして、知識や気づきを自己変容の足がかりにしてもらうのが一般的です。左頁のレジュメのような「自己振り返りシート」を準備して、自身の言動や振る舞いを省みる内省の時間を設けておきましょう。リストには「自分とは異なる相手の価値観を知ろうとしているか」「好みや感情にとらわれず平等公平に接しているか」など、それまでの研修で伝えたテーマを並べます。シートづくりは研修の要点をまとめることなので、研修全体の質を高めることにもつながります。また、ハラスメントを起こさないための「心がけリスト」を用意して、受講者に配布するのも

自分の言動を振り返ろう

- □ 自分とは異なる部下や相手の「考え方」「価値観」などを知ろうとしているか？
- □ 部下や相手の意見や考えを否定していないか？
- □ 自分がついつい感情的になっていないか？
- □「正論」を押しつけていないか？
- □ 部下や相手はあなたの顔色を見ていないか？
- □「合う」「合わない」で決めつけていることはないか？

自己振り返りシート

一つの方法です。「他者の人権を侵害しない」「自他尊重の伝え方を意識する」など具体的なキーワードを盛り込んでおけば、いつでも見返して日常での実践の参考にすることができます。

相談窓口活用の案内資料も必ず準備しておく必要があります。連絡先や対応時間、守秘義務を守ることを明記して、必ず「一人で悩まず、相談しましょう」という一文を入れましょう。P201のレジュメのようにハラスメントを受けたと感じたときの対応手順を示しておくのも効果的です。そして研修の最後はまとめのメッセージで締めくくります。ポイントは前向きな言葉で伝えること。研修冒頭に示した表紙のサブタイトルを再提示して、その内容の大切さを実感してもらうのもよい方法です。

COLUMN

オリジナル研修ツールを作ろう

研修のゴールや解説テーマによって活用するツールや伝え方は異なる

これまで紹介したレジュメやワークシートはあくまでも一般的な事例です。本章で紹介しきれなかった研修資料を掲載しますので必要に応じて参考にしてください。

伝えるときはこんなことに気をつけてみる

① 強すぎる発信→攻撃的な主張は誰も聞かない。

② 遠まわしな嫌味、悪口や陰口→
嫌味や悪口、陰口では状況は改善されない。

③ ポジティブな言い回しに変えてみる→
ネガティブな言葉よりポジティブな言葉を人は受け入れやすい。

④ 相手に合わせてみる→表情、話すスピード、気持ちなど。

⑤ アイメッセージで伝える。

自分がハラスメントを起こさないために

① イラッとしたら深呼吸。感情的にならない。

② 相手の成長をゴールにして相手への要望を具体的に伝える。

③「だから、あなたはダメなんですよ」などと人格攻撃しない。

④ さまざまなタイプの人がいる。相手を見て接し方を工夫する。

⑤ 自分の持論や経験則に当てはめすぎない。

⑥ 接し方に悩んだら相談をする。

⑦ 注意や指導をためこまない。

第4章

スムーズに研修を進めるために

受講者の〝気づき〟を重視するのがハラスメント防止研修の理想

受講者が〝自ら考える〟ことに研修の重点を置く

研修をより良いものにするために、研修トレーナーとしてどのような点に気をつければよいのか。本章では、研修の進め方や現場での心得について解説していきます。

研修をスムーズに進めるには、組織（特に経営層）と研修トレーナー自身が何を目的として研修を行うのかを整理しておくことが大切です。「ハラスメントを会社からなくすという決意を伝え、共有する」「ハラスメントに関する正しい知識の習得」「対話を通じて多様な価値観を知る」など、受講者目線での〝目標〟と混同しがちですが、組織と研修トレーナーが明確にしておくべきなのは研修をする〝理由〟。一般的には「ハラスメントの予兆に気づいてもらうための啓蒙」や「社内で発生しているハラスメント問題への注意喚起」になるでしょう。状況に応じて両者を組み合わせることもあります。どちらに重心を置くかによって、研修内容や伝え方のニュアンスは微妙に変わるものなので、研修の前には「実施する目的」をクリアにしておくようにしましょう。研修をより良いものにするには、組織からのメッセージが明確であることが重要です。

また研修では「知識のインプット」だけではなく、受講者が自ら〝気づき〟を得られる内容にすることに重点を置きましょう。もちろん、正しい知識を得ることはハラスメントをなくすために欠かせない要素です。ウェブ検索をすれば簡単に情報を得られる今、受講者がハラスメントに関する一定レベルの知識を備えている可能性もあるでしょう。ただ、初めての研修であれ何度目かの研修であれ、研修において「知識のインプット」は必須です。そのうえで研修トレーナーの役割は単に知識を与えることよりも、受講者に〝気づき〟を与え、「自分がどのように変わるのか」といった自己変容につなげていくことにあると心得ましょう。

〝伝え方〟だけでなく〝伝える内容〟にこだわろう

そのためにも研修トレーナーは、ハラスメントについて客観的に語ることを心がけましょう。人によって解釈や価値観は違うもので、誰にも「主観」や「自分のハラスメント防止に対する思い」は存在します。例えば、「私はこういう経験をした」など研修トレーナーの言葉に主観が入りすぎてしまうと、ミスリードしてしまう可能性があります。

客観的に伝えるためのポイントは、他者の考え方や価値観を尊重すること。どのようなテーマを扱う場合でも、まずは法律上の定義や解釈をベースにして事実を客観的に理解し、「自分の言動にリスペクトはあるか」「誰かの尊厳を傷つけていないか」と心の中で確認してから伝えるようにしましょう。

研修トレーナーの役割は組織のメッセージや知識を伝え、〝気づき〟を促すこと。研修中の受講者の変化にも細かく目配りをしましょう。注意深く観察していると〝気づき〟を得られているのか、反対にまったく得られていないのか、時には研修そのものに反発している受講者の様子も分かるものです。意識や行動の変容は受講者自身に託すものですが、研修中の反応は研修後の受講者へのフォローの大きな手掛かりとなります。

研修進行には伝える力や傾聴力、ファシリテーション能力など幅広いスキルが求められます。〝伝える力〟を身につけることができれば、研修のポイントを効果的に伝えることができるでしょう。

受講者への伝わり方には、伝え方のテクニックよりも、研修トレーナーが伝える事例がいかに身近であるか、そして何よりハラスメント防止に対して本気であるかが大きく影響すると考えています。語り方より語る内容を重視して傾聴力を磨き、受講者との信頼関係を築くことを意識しましょう。

理想的な研修スタイル

ハラスメント研修の原則は知識を正しく伝え、“気づき”を得てもらうこと。あくまでも客観的にメッセージを伝え、あなたはどう考えるかと問いかけるのが理想の研修スタイル。

研修トレーナーの伝える力がハラスメントを自分ごとに変える

伝わりやすさのポイントは〝伝えすぎないこと〟

受講者にとっての〝気づき〟とは、ハラスメントの問題を〝自分ごと〟として考えることです。自社課題や受講者の階層に合わせて状況や言動の設定をアレンジして、「自分もハラスメントの加害者、被害者、傍観者になる可能性がある」と感じてもらうことで、自ずと研修内容への関心は高まります。

〝気づき〟を与えるためには、分かりやすくて覚えやすい言葉のほうが受講者の心に届くものです。例えば傾聴の大切さについて解説する場合は「話すよりも聴く」と伝えたり、ハラスメントのリスクを説明するときは「ハラスメント。それはリスクである」といったキャッチフレーズをモニターに投影しておくことで、受講者の記憶に残りやすくなります。

また、重要な言葉は受講者に書き写してもらうようにしましょう（ノートでもパソコン、タブレットでもOK）。メモは記憶に残りやすく、〝気づき〟につながる大切な手法です。

そしてハラスメント防止研修では、できるだけ前向きな言葉を使って伝えることを心がけましょう。研修前半は会場が重い空気に包まれることが少なくありません。そんな雰囲気を和らげ、自由に意見を語り合える場を作ることも研修トレーナーの重要な役割。早い段階でグループでの自己紹介など発話の時間を設け、そのテーマに例えば「好きな季節はいつ？」など誰もが自由に話せるテーマを盛り込んでみるのも

よいでしょう。また、ほどよいスピード感で研修を進めることも、研修会場の緊張感をほぐすのに効果的です。

ハラスメント問題が引き起こす深刻な影響について伝えるためには、心身の不調、退職、最悪の場合の自死などの表現も使わざるを得ませんが、できる限り繰り返さないことをお勧めします。ハラスメント防止研修ではフラッシュバックなどの受講者の心理面への配慮も不可欠です。

また、ハラスメント防止研修には、受講者にハラスメントの再現映像を見せる方法もあります。再現映像のメリットは視覚・聴覚情報も含めてハラスメントの悪影響を伝えやすいことにあります。その一方で、ハラスメント体験で傷ついている人にとっては追体験をさせることになり、逆効果につながる恐れがあります。そのため、映像利用はその効果と影響のバランスを冷静にジャッジする必要があります。

当然ですが、ハラスメント問題は決して矮小化して伝えてはいけません。受講者への影響を考えつつ、明確に伝えることが最も重要で、研修をスムーズに進める方法論の一つとして「前向きな表現を使ったテンポのよい研修」があると理解してください。

また研修の場では、研修トレーナー自身が「自他を尊重する人物」のロールモデルになりましょう。自らがハラスメント防止のモデルとなることで、研修トレーナーの言葉に説得力が生まれ、受講者の受け止め方も変わるはずです。そして、そのような信頼できる人物が発する言葉には重みが出てきます。

一方で、あまりに伝えたいという気持ちが強すぎて、「これはダメ」「こうしてください」といった一方向的な発信だけに終始すると、受講者は無意識に身構えてしまうものです。ハラスメント防止研修では〝べからず集として伝えすぎないこと〟も大切なポイント。意識してほしいキーワードとその意味を伝え、受講者の〝気づき〟を促すことが、優れた研修トレーナーへの第一歩になるでしょう。

受講者の"気づき"を促す

受講者が早めに発言ができ、リズム感のある進行は研修に集中しやすい。前向きな表現を意識し、考えてほしいポイントを伝え、"気づき"につながる工夫をしよう。

受講者の意欲を引き出し、参加型の研修を目指そう

研修への意欲を引き出すためのしかけとは

研修が実りあるものになるかどうかは、受講者の参加姿勢が大きく影響します。つまり「いかに意欲を引き出せるか」が成否のカギを握るため、研修への動機付けは研修トレーナーにとって重要な役割の一つだと考えましょう。

受講者にとって〝気づき〟が多く、他者との対話が活発になれば、研修が進むにつれて自然と意欲は高まっていくものです。実施前からモチベーションを高められれば、さらに研修は進めやすくなるでしょう。ハラスメントの加害者、ハラスメントが起きる風土の原因になる可能性のある経営層、管理職層に対しては、

事前にハラスメント問題が会社にとってのリスクであることを伝えます。

さらに研修冒頭で「自社のハラスメントをなくす」「ハラスメントを許さない」と社長が毅然とした態度で伝えることも非常に効果的です。社長や経営層が常に研修に参加していることは受講者にとって強い動機付けになります。ハラスメント防止へと風土が変わる会社には、社長や経営層が研修に参加し、最も真摯に受講しているという特徴があることも経営層に伝えておきましょう。

また、自社で実際にハラスメントが起きている可能性がある場合はそのことを伝えて、そのために研修を行うと念を押すことも、自分ごととして考える動機付けになります。

自己開示を促す〝話しやすい空間〟

会場に集まってくる受講者に笑顔で「こんにちは」と声をかけるだけで場の雰囲気は和らぎます。会場が話しやすい空間になれば、グループ対話にも活気が生まれ、受講者が自己開示（※）をしやすくなります。研修の導入部に受講者同士

※他者に自分の内面をさらけ出すこと。自分の思いや価値観を相手と共有することができる

で話し合ってもらう時間を用意すれば、さらに緊張感がほぐれ、自由に意見交換する気運も高まるでしょう。自己開示のきっかけとなる対話のテーマは、「アイスブレイク」をキーワードにして探すと事例が見つかります。目的は会場の空気をあたためることなので、ハラスメントとは関係のない話題でもかまいません。研修が安全な場であるということが分かればよいのです。

そして研修では受講者への「問いかけ」を意識しましょう。自分で考える時間や、対話を通じて発言する機会を増やすことが、受講者を自己開示へと導きます。発言しない人には強制をせず、「相手の話を遮らない」「イニシャルトークをしない」「メンバーが話した内容を噂話にしない」などのこの場のルールを最初に伝えましょう。すると自然に、会場は自分も相手も尊重されているという雰囲気になっていきます。またグループ対話の発表者は、誰かを特定して名指しせずにグループ内で決めてもらうなど自主性を大切にしましょう。対話や自己開示を皆の前で発表してくれた人に対しては、「○○さん、ありがとうございます」と拍手を送りましょう。発言する行為を認めるのは、自分の考えを伝えるのはよいことだと会場全体に伝えることになり、他の受講者の発言を引き出しやすくなります。

自己開示を促して、積極的に発言してもらうためには「この場で聞いたことを口外しない」という対話のルールを確認することも大切です。特に自分の課題や内面を伝えることは会社組織の中ではとても勇気がいることです。まして秘密が守られなければ、発言を躊躇してしまうでしょう。だからこそ、「安心して何でも話してください」と伝えることが大切で、積極的に意見を交換し合う参加型の研修には欠かせない要素だと心得ましょう。

ただし、発言を無理強いするのは賢明ではありません。受講者の中には自分の考えを伝えることが苦手な人もいるでしょう。それぞれの個性を尊重して受け入れることは、研修トレーナーが「多様な価値観やあり方を認める」ことにもなります。とはいえ、まったく発言しないままでは研修そのものを苦痛に感じてしまいます。メンバー構成を工夫するなど細部にわたって準備をし、現場での配慮も欠かせません。グループ対話のメンバーにバランス感覚に優れた人を加えて、ハラスメント気質の人がかたまらないようにするなど、すべての受講者がモチベーションを保ち続けられるように工夫しましょう。

批判的な受講者は必ずいると心得、気にせず研修を進めよう

不満げな表情・態度には必ず理由がある

すべての受講者が研修の必要性を理解し、前向きに参加してくれれば会場の雰囲気づくりに苦労することはありません。しかし現実には、ハラスメント防止研修に対して否定的・批判的な感情を抱いている受講者は一定数存在します。特にパワハラについては、指導は厳しくて当たり前、私はそうやって育ってきたと内容に反発する人もいます。不満げな態度を見せたり、気乗りしない様子の受講者に気を取られて、研修の進行に影響が出てしまうのは避けたいものです。

ハラスメント防止研修に対するネガティブな感情は態度に表れます。法律で防

止義務が定められ、就業規則に明記されるようになった最近では、研修トレーナーに対して面と向かって批判を伝えてくる人は少なくなりましたが、なかには眉間にしわを寄せて研修トレーナーを睨みつけてくる人もいます。「こんなことをしていたら、指導なんてできない！」とグループ対話中に大声を出す人もいます。研修の進行を阻害されたり、共感的な場の空気を壊してしまう恐れがある場合を除けば、「不満を抱いている受講者は必ずいる」と受け止めましょう。

否定的・批判的な態度には必ず理由があります。代表的なのは自分を否定された、または自分の言動がハラスメントだと気づき、心のどこかで気になっているケースで、不安な気持ちの表れとも言えます。〝今〟を受け入れられない人や、会社や上層部に対する批判的な思いが根底にあり、ハラスメント防止研修を受け

るべき人は他にいると感じている人も非協力的な態度を示す傾向があります。そんな受講者への対処ポイントは、その人自身の思いを自由に語ってもらうことと、グループ対話のメンバーの中に不満に耳を傾けられる人を入れることです。研修トレーナーもグループ対話の間はさりげなく近づき、その人の気持ちを聞きましょう。研修トレーナーやグループのメンバーの傾聴力がカギを握っていると考えています。明らかに間違った言動があればしっかりと伝え、その言動について別の事例として取り上げ、個別ではなく全体に向けて、それがなぜ問題なのかを伝えることも必要です。

受講者の本音を聞き出そう

例えばグループワークの場で意図的に発言を拒否する人がいたと仮定します。初めはそっと様子を見守り変化を待ちます。誰かの意見に反論したり、「こんな対話に意味はない」と不満をぶつけることがあれば、さり気なく近寄ってそっと耳を傾け、その言葉を受け止めましょう。たとえ否定的な感情であっても、自分の主張を聞いてもらうことで心のガードが緩むかもしれません。また「厳しく指導しなければ部下は言うことをきかない」と研修トレーナーに不満を投げかけてくる人に対しては、「苦労されますね。真意を伝えるのは本当に難しいものですね」と共感してねぎらいの言葉をかけましょう。

「気持ちを分かってくれた」と感じてもらえれば、そこに自己開示や内省の余白が生まれます。当然、その後の説明の受け止め方も変わるはずです。「受講者がネガティブな感情を示したときこそチャンスだ！」と発想を転換することで、否定的・批判的な受講者への接し方も大きく変わります。また、「同じ言葉でも、腕組みをしていると相手がハラスメントだと感じやすい」と、研修内容とリンクさせて指摘をする〝技〟もあります。とはいえ、その場での指摘はその人の否定にも当たるため、傾聴力とタイミングを見計らった声がけで受講者の意欲を引き出しましょう。

批判的な態度の受講者

批判的な受講者に、限られた研修時間の一部を割いて説得するのは効率のよい方法ではない。明らかな問題点はタイミングを見て全体に伝え、個別の指摘ではなく研修を進める。

予期せぬ事態が起きても落ち着いて対応しよう

想定外に備えておこう

万全の準備を整えて研修当日を迎えても、現場では想定外の事態が起こるもの。とっさの場面でも焦ることなく、落ち着いて研修を進められるようにトラブルへの対応策を考えておきましょう。

まずはフラッシュバックが起きたときの対応です。受講者の中には今まさにハラスメントに悩んでいる人や、過去の傷が完全に癒《い》えていない人もいます。会場で加害者と顔を合わせたりすると、フラッシュバックに襲われ取り乱してしまうことも想定されます。特に部下側、一般社員対象の研修では配慮が必要です。フラッシュバックが起きたらすぐに進行を止めて、不調者のケアを最優先。会場の空気を落ち着かせるために休憩を入れ、周囲にいる受講者の手を借りて不調者への対応に専念します。初期対応を終えたら、「心身の不調を感じたら、いつでも知らせてください」と声をかけ研修を再開しましょう。タイムテーブルにとらわれず、適切な判断と臨機応変な対応を心がけます。事前に社内でのハラスメント事案やメンタル不調を抱えている人の有無を把握しておくことも大切です。

不適切なタイミングで周囲の反応も顧みず、一方的に持論を展開する人に進行を邪魔されることもあります。「最近の若者は精神的に弱い！」「会社組織そのものに問題がある！」といった〝持論〟をぶつけられると研修の流れが遮られ、会場の空気を乱されてしまうことがあります。確かに会社組織や風土に問題がある場合もあるでしょう。一方的に持論をぶつける人がいたら、いったん話を聞く姿勢を示して、発言の終わりを待ちます。落ち着いて思いを受け止めましょう。おおよそ1分も語らないと考えられます。質疑応答の場面では持論がかなり長くなる場合もあるので、そのときは「お話は一旦ここまででよろしいですか？」と止めてもよいでしょう。それでも一方的な主張が続く場合は、「あとでうかがいます」と断りを入れてから主導権を引き戻し、研修を進めることが大切です。

また近年、急速に導入が進んでいるオンライン研修では、接続トラブルや音響機器の不具合がつきものです。研修はすべての受講者が揃ってから始めるのが理想ですが、ブレイクアウトルームでの自己紹介タイムをトラブル対応に充てるなど時間を効率よく使いましょう。それでも解決できなければ、画面のみ、音声のみ、チャットの受講などできることを伝えて研修を進行します。万が一に備えて研修の様子を録画しておき、後日、個別に受講してもらうのも対応法の一つ。もちろん利用目的を他の受講者に伝え、データ管理には細心の注意を払いましょう。

会議画面にアクセスできない、研修トレーナーの声が聞こえないといった問題は直前に判明することが多く、受講者側の環境が原因になっている場合が多いので、研修トレーナーにできることは限られます。事前に接続テストを促す、トラブルの対処手順を告知する、緊急連絡先を伝えてサポートしてくれる担当者を配置するなど、受講者や研修トレーナーの不安を取り除いておきましょう。

研修には質疑応答の時間を用意するのが一般的ですが、自分が想定しない内容の質問を受講者から投げかけられることもあります。研修テーマごとに「想定問答集」を準備しておくと、落ち着いて対応することができます。自分が気づいていなかったような視点の質問をされたときは「ありがとうございます」と感謝を伝えてから、「そのような視点があることに気づかされました」といった言葉を添えて回答しましょう。

質問対応のポイントはすべての質問に対して満点の答えを示そうと思わないこと。経験を重ねた研修トレーナーでも、回答に困る質問はあります。答えに困った場合は、「のちほど回答いたします。皆さんと共有できるように、掲示板や社内メールに回答をのせておきます」と返答すれば、誠実な態度が伝わるでしょう。受講者からの質問は研修内容に関心を示している証拠です。的確に答えられるだろうかと不安に思うのではなく、その人の思いを受け止める時間だと前向きに考えましょう。

ミニ研修で場数を踏む

研修をスムーズに進行するための課題やヒントを見つけるためには、本番前にできるだけ多くの場数を経験しておきたい。研修前に同僚や身近な人に「ミニ研修」をしてみよう。

COLUMN

研修は録画・撮影してもOK？

アーカイブとして活用するなら グループワークの公開は避けよう

個人の発言が開示されるのを防ぐため、研修中のグループワークの様子は録画・録音しないことをお勧めします。欠席者用の“教材”として活用したり、受講対象者が多く、同じ内容の研修を複数回に分けて行う必要があるなど、録画しておくと効率的なケースもありますが、事前に必ず受講者に目的を伝えて了承を得ましょう。

ただし、録画されている状況では、受講者が本音を話すことに抵抗を感じてしまうので、できるだけ発言の自由度を妨げないような配慮が必要です。アーカイブとして研修内容を保存する場合は、グループワークの様子は編集して削除し、発表はどこまで公開するかも検討が必要です。オリジナル教材として同じ内容を別途録画してもよいでしょう。担当者が変更になったときの引き継ぎ対策や、組織としてのハラスメント対策の継承にもなります。

研修実施の報告や会場設営のノウハウ継承のための写真撮影は必要でしょう。個人が特定されないように配慮して、会場後方からの全景に留めましょう。社外講師を招く場合は写真撮影・録画の事前相談と了承が必須です。

第５章

研修後のフォローアップ

研修直後が大切 〝気づき〟の内容を振り返ろう

自由記述にすると本当の気持ちを引き出しやすい

研修を終えたら受講者に体験を振り返ってもらいます。その狙いは一度きりのイベントで終わらせず、研修での〝気づき〟を日常生活に結びつけていくこと。また研修トレーナーとして受講者にどのような〝気づき〟があったのかを把握するためにも、研修後は必ず振り返りを行うようにしましょう。

最も手軽な振り返り方法は、研修直後の受講者アンケート（※）です。研修の最後にはアンケートの時間を設定しておきましょう。質問項目は「研修内容の理解度」と「〝気づき〟があったか」を二つの柱にして構成します。以前は「研修

※研修会場や時間設定など、アンケート回答にある研修環境への意見・要望も真摯に受け止めよう

内容の理解度」はアンケートの重要項目でしたが、法律やハラスメントの概念が明確になった今は、初回研修時以外は必要ないかもしれません。一方で〝気づき〟に関しては、必ず二つの視点から受講者に問いかけるようにします。まずは「〝気づき〟の度合い」について。例えばP173のレジュメのように研修に〝気づき〟があったのか、なかったのかを5段階で自己評価してもらいます。そして、もう一つの視点がより重要で「どのような〝気づき〟があったか」を自由記述方式で回答してもらいましょう。

アンケートの回答からはさまざまなことが見えてきます。特に〝気づき〟については非常にリアルな感想が届きます。「〝気づき〟があった」という声が多ければ、研修の効果は十分に得られたと考えてよいでしょう。しかし、すべての受講者に前向きな〝気づき〟を与えることは熟練の研修トレーナーでも至難の業。「〝気づき〟がなかった」という回答も少なからずあるものです。たとえ、その理由が「すでに知っている内容だったから」であっても、受講者が新たな発見を得ようとしなかったのであれば効果が十分ではなかったと言えるでしょう。真摯に研修内容を見つめ直して、〝気づき〟を促せるよう改善に努めましょう。また、

「まったく〝気づき〟がなかった」と回答する人の中には、実は加害者または被害者として問題を抱えていて、現実から目をそむけているケースも考えられます。回答は多面的に考察することが大切で、〝気づき〟を促せなかったと落胆するのではなく、ハラスメントの〝予兆〟を発見できたとポジティブに考えるようにしましょう。

振り返りを促しやすいように、アンケートはできるだけ自由記述方式にすることがポイントです。率直な感想を引き出すためにも無記名で回答してもらうことが好ましいでしょう。「職場のコミュニケーションで気になることはありますか?」など、より具体的な質問を並べておくと、研修で学んだことが整理され本音を聞き出しやすくなるでしょう。また、「ハラスメント防止のために実践したいこと」を記入してもらい、自分への宣言にする方法も効果的です。この場合は記名式にすることで宣言への責任感を持たせやすくなります。同様の理由から、管理職層へのアンケートは場合によって記名式で行うなど工夫しましょう。

記名式であれ無記名式であれ、アンケートの回答は基本的に開示しないことを前提にしましょう。開示されることに反発して、本当の気持ちを伝えてくれない

ハラスメント研修アンケート ～研修を振り返りましょう～

Q1. 内容についての理解度を5段階で自己評価してください。

5 ・ 4 ・ 3 ・ 2 ・ 1

Q2. あなたにとっての“気づき”はありましたか？

① 大いに気づきがあった　② 気づきがあった　③ どちらでもない
④ あまり気づきがなかった　⑤ まったく気づきがなかった

Q3. どのような“気づき”がありましたか？

Q4. 職場で気になっていることはありますか？

Q5. ハラスメント防止のために実践したいことはありますか？

Q6. その他、意見や感想を聞かせてください。

ことも考えられます。アンケートの目的は、あくまでも「受講者にどのような〝気づき〟があったか」を研修トレーナーと担当部署が把握し、分析結果を社内風土改善と次回の研修に生かすことです。開示して共有する必要性はありません。例えば対面型の研修であれば、記入後は用紙を裏返してもらい、研修トレーナーが個別に回収するなど細かな配慮も心がけたいものです。研修直後のアンケートは振り返りに主眼を置き、実態調査は別の日に実施しましょう。

一人ひとりの言動や職場環境の変化を調査する

従業員の小さなサインを見逃さないように

研修の効果は〝前後の変化〟に注目すると見えてきます。特にハラスメント研修の後は「個人」と「社内環境」の二つの側面に焦点を当て、どのような変化があったのかを調べることが大切です。

個人の変化を知るには、研修から少し時間をおいてアンケートを実施するのが一般的です。意識や言動の変化を知ることが目的なので、研修後2週間〜1カ月ほど経過したタイミングで行うのがベターです。「積極的なコミュニケーションを心がけている」「適切な言葉で部下を指導するよう意識している」といったポジティブな回答が多く集まれば、研修の意図が確実に受講者へ届いていると言えるでしょう。もちろん、なかには「実践できていない」「すっかり忘れてしまった」といった回答もあります。

ただ、一定期間をおいて行うアンケートには変化の把握に加えて、「〝気づき〟を実践に移せていますか？」と問いかけ、あらためて行動変容へのきっかけを与えるという狙いが含まれています。研修直後に〝気づき〟を振り返り、期間をおいて実践を啓発する。二つのアンケートを効果的に組み合わせて、ハラスメント防止への意識を高めていきましょう。

一方、社内環境の変化は実態調査で把握することができます。「ハラスメントは減っているか」「職場の雰囲気に変わったところはあるか」など、さまざまな切り口の質問を用

意しておくことが効果を高めるポイント。幅広い意見を集めるためにも、実態調査では対象者が偏らないように注意しましょう。

研修後は相談窓口の利用者が増えますが、窓口に寄せられる相談内容に注目することも、社内環境の変化を知る有効な手段となります。例えば「ひどい暴言はなくなったが、細かな嫌味はまだある」という相談内容からも、職場の小さな変化を感じ取ることはできます。

「研修をきっかけに少し改善されたのですが……」という相談者の言葉があれば掘り下げて何が改善され、何が改善されていないかを確認しましょう。何より窓口相談が増えることは、声をあげやすくなっていることの証です。社内の実態を把握する絶好のタイミングなので、相談者の話に丁寧に耳を傾けることを心がけましょう。

職場での気になる言動は、匿名のメールで届いたり、オフィスで偶然顔を合わせたときに伝えられることもあります。研修トレーナーが、気になる部署の様子を観察したり、キーパーソンに変化の様子を尋ねる必要があるかもしれません。

研修前後の変化を把握するためには、人や職場を注意深く観察することが大切です。日常の小さなサインを見逃さないようにしましょう。

実態調査で把握した自社の課題やその過程で得た情報は適正な管理を心がけつつ、個人や個別の内容が特定されない範囲で研修内容に反映しましょう。また、実態調査の内容を開示対象と開示内容も精査したうえで、経営層または管理職層に向けて共有することも、ハラスメント防止と自分への具体的な〝気づき〟を促す効果があります。定期的な社内調査は、一人ひとりが働きやすい職場づくりを考える貴重な機会になります。ハラスメント防止に向けた社内の共通意識を育むためにも、継続実施したいものです。

研修から数カ月は受講者の問題とされる言動は減りますが、1年を過ぎると元の状況に戻ってしまうケースも少なくありません。だからこそ定期的なハラスメント教育が必要なのです。

実態調査のテンプレート

ウェブ検索をすると行政機関などの実態調査のマニュアルやテンプレートが見つかるので参考にしてみよう。研修前にも調査を実施しておけば、“前後の変化”をより把握しやすくなる。

データを多角的に分析して研修・教育・啓発に生かす

数字だけで判断せず、背景や状況に目を向ける

アンケートや実態調査、窓口相談で集まった情報は、データ化してその後の対策に結びつけることが大事です。従業員の声には潜在的なリスクや課題、そして研修内容の改善に向けたヒントが詰まっています。しっかりと分析をしてハラスメント防止教育や啓発活動に生かしましょう。

情報を集計・分析すると、自社の特徴や傾向が客観的に見えてきます。例えば〝気づき〟の経年変化は、ハラスメントの理解がどれだけ社内に浸透しているかを知る指標になります。また実態調査の比較からは「社内の環境がどのように変

わっているか」が把握できます。こうしたデータを地道に蓄積して、考察を重ねていくことで対策の方向性が明確になり、研修やハラスメント教育の質がブラッシュアップされます。「部下の本音が分からない」「ハラスメントが怖くて指導をためらってしまう」という悩みを抱える上司が増えていれば、コミュニケーションに関する部署内ミーティングの提案をすることもできるでしょう。自社の状況に対応するピンポイントな施策を考えるうえでも、情報の分析と研修・教育へのフィードバックはとても大切です。

情報の集計・分析では、どうしても数字にとらわれがちです。ただ、数字から把握できるのは大枠の傾向であり、アンケート回答や相談内容の背景には、それぞれに異なる状況や問題点があります。数字だけで判断をして問題の本質を見逃してしまわないように、一つひとつの情報を注意深く観察するようにしましょう。視点を変えて読み返したり、複数の担当者で意見を出し合うことで、新しい〝気づき〟があるかもしれません。少数派の〝小さな声〟にこそ、重要なヒントが隠れていることもあります。また、情報はいくつかのキーワードに分類して、タグ付けしておくと傾向がとらえやすく、データを見返すときにも便利です。

データ分析（※）は情報の〝母数〟が多いほど正確になります。できるだけ多くの声を集められるように、アンケートや実態調査はウェブアプリやメールを利用するとよいでしょう。仕事の合間や休憩時間など、それぞれが時間を見つけて取り組めるため回収率も上がります。提出期限は設けますが、急かされてありきたりな回答ばかりにならないよう〝ゆとり〟を持たせ、期限後も丁寧に協力を促すようにします。

データをどのように活用するかは研修トレーナーの判断です。なかには社内共有したり、次回の研修で紹介したいと思う情報があるかもしれません。数字は分かりやすい目安になります。「職場でハラスメントを受けた経験がある」という人の割合を伝えることは、ハラスメントを身近なものとして感じてもらうための手段の一つです。

ただし、数字、自由記述の回答を含めて、内容を研修で開示することで得られる効果は未知数です。例えば1年前の実態調査の回答を研修で紹介しても、組織体制や社内環境が変わっていればその情報はすでに古いものになっています。また開示や共有が前提になると、本音を打ち明けにくくなるものです。そもそも研

※データ分析は課題や傾向の把握に留まらず、間接的に研修トレーナーとしての成長も実感できる

修は告発や通報の場所ではなく、一人ひとりの〝気づきの場〟であるべきなので、分析データは研修改善や啓発の参考としての活用に留めておくほうがよいでしょう。どうしても共有したい情報があれば、「ハラスメント防止宣言」「今後取り組みたいこと」など前向きなメッセージと関連させるようにしましょう。もちろん事前に個人が特定されないことの共有、了承を得ることが前提です。

また研修トレーナーが窓口対応を兼務する場合は、研修後に役割が〝相談担当者〟へとシフトします。その準備のためにもデータの集計・分析は欠かせません。アンケートや実態調査を実施しただけで満足せず、結果を踏まえて次へのアクションを起こしましょう。

窓口利用促進のポイントは信頼関係の構築と環境づくり

窓口担当者の役割を正確に伝えておこう

相談窓口はハラスメントの被害に悩んでいる人や、目撃者として気になっている人との最初の接点になります。落ち着いて感情を表現できる環境を整えて、相談者の声にじっくりと耳を傾けることが大切です。

安心して相談窓口を利用してもらうためには、相談者と信頼関係を築くことが前提になります。まずは「相談者の話を聞き、本人の意向を確認して、必要な対応をしていく」という相談窓口の役割を伝え、「必ず秘密を守る」ことを約束しましょう。相談手順を示したフロー図を添えて研修時に資料を配付したり社内掲

※窓口担当者がハラスメント行為のジャッジをしてくれると"誤解"している相談者は意外に多い

示板で周知しておくと効果的です。また、研修後のアンケートで「相談窓口を知っていますか?」と尋ねることで、相談窓口の存在を周知する方法もあります。悩みを聞いてくれる人がいないと問題が深刻化する恐れもあり、認知度が足りなければ改善が必要です。例えば窓口の連絡先の横に担当者の名前や写真を公開しておけば、相談者の安心感を得やすくなるかもしれません。窓口利用のハードルを下げるために工夫を凝らして、気軽に訪れやすい雰囲気を作りましょう。

相談窓口の利用促進とあわせて伝えておきたいのは、「窓口担当者はハラスメントのジャッジ(※)をしない」という点です。窓口担当者の役割は、相談者の心の内を聞いて関係各所との調整を図ること。つまり相談者のサポート役です。最近は窓口担当者にハラスメントの判断を求める相談者が増えていますが、懲戒処分にも関わるため、ハラスメント行為の最終的な判断は窓口担当者を含むチームや委員会などを立ち上げて検討する必要があります。窓口担当者はあくまで窓口であることを事前に理解してもらうことが大切です。相談窓口に集まる情報が増えれば、課題解決の糸口も見つけやすくなります。特に研修後は声をあげやすいタイミングなので、積極的な窓口利用を促しましょう。

窓口対応の基本は傾聴を心がけ、信頼されること

悩みを打ち明けやすい環境を整えておく

相談窓口の利用者の中で最も多いのは、ハラスメントの被害に悩んでいる相談者です。研修トレーナーが窓口担当を兼務する場合は、「相談者の話を聞き、本人の意向を確認して、必要な対策を検討する」という役割に則って適切な対応を心がけましょう。

被害を訴える相談者への対応は、①ヒアリング、②要望の確認、③改善へのアプローチという流れで進めます。①と②は同時進行になることが多く、事実関係の聞き取りには窓口担当者の傾聴力がカギを握ります。③にはさまざまな手段が

考えられますが、まずは推定加害者や関係者へのヒアリングから始めます。「相談者の同意を得る」ことを原則として、客観的視点から情報・状況を精査し、どのような対応が必要かを検討しましょう。具体的なアクションとしては、双方に改善に向けた助言をしたり、推定加害者の上司に話し合いや指導を提案するのが一般的ですが、状況によっては相談者と推定加害者を引き離すといった緊急対処が必要になるかもしれません。重要なのは、窓口担当者が単独でハラスメントのジャッジをしないことです。相談者にヒアリングを行い、要望を確認したうえで社内外の複数の担当者で対応を検討しましょう。そして①〜③をひと通り終えたタイミングで、経緯や結果を相談者にフィードバックします。たとえ十分な成果が得られなかったとしても、本人の意向に沿ってアクションを起こし、事実を包み隠さず伝えることは相談者から信頼を得ることにつながります。

企業によっては、研修は人事部が行って窓口対応はコンプライアンス部門が担当するというケースもあるでしょう。両部門で連携が取れていないと、意を決して窓口にやって来た相談者に対して「私は研修トレーナーです。相談対応は別の人が担当しているので、そちらを訪ねてくれますか?」など〝たらい回し〟のような事態を招きかねません。研修と窓口対応の担当者が異なる場合は、事前に必ず情報を共有しておくことが重要です。

また、相談者の気持ちに対して共感(※)は示しても、同調はしないように注意しましょう。これはとても重要なポイントです。例えば窓口で悩みを告白されたときに「あなたは嫌な思いをしているのですね。お気持ちが伝わりました」と共感することは、客観的な立場を保ちつつ、相談者に安心感を与えることができます。それに対して「あの人の問題点は私も把握していました。お気持ちをお察しします」と返答すると、客観性に欠けた同調になってしまいます。さらに「ハラスメント行為を認めてくれた」と相談者に誤解を与えてしまう可能性もあります。繰り返しになりますが、窓口担当者の役割はあくまでも調整役。言葉選びには細心の注意を払いましょう。

聞き取りは時間を区切ると効率がよい

相談者へのヒアリングは、表情や雰囲気など非言語の部分が伝わりやすい対面

※相談者の訴えに共感するのはOKだが、同調すると客観性を担保できなくなる

形式が理想です。周囲に気づかれないよう相談者のオフィスから離れた会議室を使い、できるだけ就業時間内に行います。相談者が自然に〝外出〟できる理由も考えておきましょう。ただ、最近はメールなどテキストベースのほうが落ち着いて心の内を語りやすいという相談者も増えています。メールで概要を把握した後に対面で話を聞けば、状況をより詳しく知ることができるかもしれません。両者を効果的に組み合わせて、落ち着いて相談できる環境を整えましょう。また、ヒアリングの時間は60分を上限にして、事前に伝えておきます。悩みを聞いてもらえる安心感から、相談者は時間を忘れて話し続けることが少なくありません。窓口担当者はできるだけ傾聴を心がけますが、〝聞き疲れ〟を起こしてしまい相談者に「親身に話を聞いてくれない」と思われては元も子もありません。冒頭に「今日は1時間を予定しています。時間の許す限り、お話をうかが

窓口は信頼関係がカギ

窓口対応で最も大切にしたいのが相談者との信頼関係。信頼して胸の内を明かしてくれた勇気を蔑ろにしたり、否定するような窓口担当者の言動は、相談者をさらに苦しめる。

いますね」と告げることで、相手に寄り添う姿勢は十分に伝わります。

また、ヒアリングを行ったことが外部に伝わると、新たなトラブルに発展する可能性があります。相談者本人はもちろん、推定加害者や関係者にはヒアリングの事実や内容を口外しないように忠告しましょう。プライバシー保護の観点から、情報や関連データはパスワードをつけた管理を徹底します。特にメールには誤送信の危険がつきものです。「このトラブルは解決が難しそうですね」といった不用意な発言が、誤って相談者に届いてしまっては取り返しがつきません。テキストベースのやりとり（文字）（※）には細心の注意を払い、文書の展開・共有にはできるだけダウンロードツールを活用しましょう。窓口担当者には「困っている人の声を預かっている」という意識が必要です。

窓口担当者はどこまで相談者のサポートを続けるべきか、支援のクロージングの見極めは非常に難しい問題です。相談者の立場で考えれば、状況が改善されるまでサポートを続けてほしいと願うのは当然でしょう。ただ、継続的な寄り添いが依存関係に陥ってしまったり、過大な期待を抱かせて解決を難しくするケースもあります。

※文字は情報として残るので
事実が一人歩きしないよう厳
重な管理が必要になる

ハラスメントの相談を受けたときの手順・注意点

相談を受けたときに気をつけること

① 相談してきた者を責めるような言葉、態度はタブーです。

②「そのくらい我慢しなさい」と言わないでください。

③「あの人がそんなことをするはずがない」と
偏見や決めつけで対応しないでください。

④ 相談してきた者の心情・事実・要望をよく聞いてください。

⑤ 相談者の同意を得てから対応を進めてください。

⑥ 相談内容を同意なく第三者に漏らさないでください。

⑦ 心身の不調があるときは、カウンセラー、産業医、かかりつけ医など
担当部署にも相談・受診することを勧めてください。

※①〜③はしてはいけないこと。④〜⑦は実践したいこと。

そんな事態を避けるためにも、やはり〝線引き〟は必要です。最もシンプルなのは、一連の対応を終えて相談者にフィードバックを行ったタイミングを区切りにすることです。なおも継続したサポートが必要だと感じたら、相談者や推定加害者の上司など周囲に対応を委ねます。メンタルの不調が懸念されればカウンセラーや保健師、看護師、産業医などに引き継ぎます。窓口担当者は一人で抱え込まず、できることだけに集中するようにしましょう。

客観的に事実を見極める
初めから加害者だと決めつけない

推定加害者とされる人の主張に耳を傾ける

ハラスメントの加害行為を疑われる推定加害者への対応では、強い抵抗や拒否反応を示されるケースがあります。研修トレーナーが兼務するには負荷が大きいため、他の担当者に対応を委ねるのが賢明です。しかし、ヒアリングなど解決に向けた調整法について基礎的な知識を備えておくことは大切です。

推定加害者への〝対応の心得〟として最も重要なことは、初めから加害者だと決めつけないことです。あくまでも中立な立場で傾聴を心がけ「自らジャッジをしない」という点は、被害に悩んでいる相談者へのアプローチと同じです。基本

※相談対応は被害者の訴えがもとになるケースが多く、事実認識に"バイアス"が働きやすい

的にハラスメント問題への対応は、相談者に被害の内容を聞くことから始まるため、事実認識（※）に偏りが生まれたり、先入観に影響される可能性が否定できません。しかし、加害行為を疑われた側にも必ず言い分があります。相談者の説明だけでは分からなかった、新しい事実や状況が隠れているかもしれません。

実際に〝加害者〟だと一方的に疑われた推定加害者が、精神的に追い詰められてメンタルに不調をきたしてしまうケースもあります。客観的に事実関係を把握して問題解決への道筋を見つけるためには、相談者だけではなく推定加害者の主張にもしっかりと耳を傾けヒアリングをすることが重要になります。

推定加害者へのヒアリングは必ず相談者の了解を得てから行います。この前提を忘れてしまうと、推定加害者からの報復を招く恐れがあるだけではなく、相談者からの信頼

行動変容の自己決定

推定加害者に「相談者に問題がある」と責任を転嫁させないことが重要。自身の言動に悩まされている人がいることを受け入れ、行動変容することを自己決定してもらう。

も失いかねません。なかには「名前は伏せてほしい」という相談者もいます。推定加害者に対して相談内容をどこまで開示するかについても、事前にすり合わせをしておくようにしましょう。

またヒアリングを実施することを、どのように推定加害者に伝えるかも非常に難しい問題です。唐突に「ハラスメントの訴えが届いています。加害者と推定されるあなたに話を聞きます」と伝えられたら、たとえ身に覚えがなくても自己弁護の心理が働き、心を閉ざしてしまうはずです。

ヒアリングは懲戒手続きではなく、事実関係を確認するために行うものです。ましてやこの時点では、あくまでも〝加害者になっている可能性がある〟という立場でしかありません。「事実無根だ！」などと感情を逆なでしてしまい、事実関係の聞き取りができなくなる事態は避けなければなりません。例えば「〇〇さんから相談があり、関係部署の人たちに話を聞いています。あなたにも事情をうかがいたいのですが」と協力を依頼するような伝え方をして、冷静にヒアリングのテーブルに着いてもらうことを心がけましょう。

一方的な〝決めつけ〟で警戒心や反発心を抱かせないように

ヒアリングの場では、相談内容を正確に伝える必要があります。ただ、頭ごなしに「このような行為をしましたか？」「事実ですか？」と〝尋問〟のように問いかけるのは、反発心を招くだけで逆効果です。まずは「〇〇さんの様子について、最近気になっていることはありませんか？」とオープンな質問から始めましょう。「あなたの意見を聞かせてほしい」という意思を示すことで、警戒心を解いて素直な気持ちを打ち明けてくれるかもしれません。そのうえで「〇〇さんは厳しい口調で指摘されることをつらいと感じているようです。その点についてはいかがですか？」と、客観的に相談事実を伝え、推定加害者の考え方や感じ方を聞き出すようにしましょう。

また、客観的な事実確認のため、必要に応じて同僚や上司など関係者にヒアリングを行うケースもあります。確かに第三者の視点が加わることで見えてくる事実もありますが、周囲の評価だけに頼るのは危険です。相談者、推定加害者、関係者のいずれにも与《くみ》せず、中立的な立場で事実確認を行い、推定加害者の問題を決めつけないという意識を持つことが大切です。

ヒアリングを終えた推定加害者が問題を認めたら解決方法を一緒に話し合いましょう。そして改善策が決まったら相談者にフィードバックして、〝加害者〟へ実践を促します。1カ月ほど経過を見守り、相談者と加害者に変化を尋ね、状況が改善されていれば理想的です。

ただ、加害者が「自分はハラスメントなどしていない」「相談者の被害妄想だ！」と否定するケースもあります。もし客観的に見て加害者の言動がハラスメントに該当する可能性があれば、問題点を伝えてしっかりと指導する必要があります。具体的には、関係部署と相談のうえで対応を進めることを伝えつつ、「なぜ相談者は悩んでいるのか」「自分は、なぜそうしたのか」「どうしたらよいのか」についてあらためて考えるよう反省を促します。

推定加害者へのヒアリングでの注意点は、基本的に相談者対応と同じです。ただ、推定加害者への聞き取り時間も上限を1時間ほどとするため、本音を引き出して反省を促す傾聴力がより重要になります。また秘密保持の重要性もより高く、ヒアリングを受けた事実を他者に口外しないことを強く求めます。特に相談者本人に直接伝えることがないように必ず誓ってもらいましょう。そしてヒアリングの後も普段通りに業務を行い、気になることは担当者に話してもらうようにします。

口止めされたと誤解する人もいるので、「報復につながるリスクを防ぎ、噂話が広がって二次被害を生まないため」という理由も丁寧に伝えましょう。

加害者との話し合いや指導で状況が改善されなかったり、事態が明確かつ深刻な場合は、処分も視野に入れた正式な事実認定へと進む可能性もあります。職場のハラスメント問題は早めに事態を把握し、改善への道を見つけるのが理想です。解決が難しくなってしまう前にできる限りの対応を心がけたいものです。

一方的な追及は危険

「あなたに問題があるのでは？」と一方的な追及をすると、仕事に対するモチベーションに悪影響を及ぼし、メンタル不調や退職といった事態を引き起こすこともあるので注意。

「自分も加害者？」と相談に来たハラスメント目撃者への対応

ハラスメントを黙認するとエスカレートする

相談窓口には「社内でハラスメントを目撃した」という相談者も訪れます。かつては当事者以外の相談にはのらないという時代がありましたが、現在は「目撃者も被害者である」と考えるのが一般的で、窓口担当者として適切な対応を心がけましょう。手順は被害を訴える相談者と同じで、傾聴し本人の意向を確認した後、被害者・加害者と推定される人にヒアリングを行います。経緯と結果は目撃者にフィードバックします。注意したいのは、ヒアリングの対象が〝目撃者から見た被害者・加害者〟だという認識を忘れないこと。二次被害に発展させないよ

※内部通報者の保護に関するルールを定めた法律

うに、推定被害者や推定加害者に話を聞くことへの同意を明確に取るようにしましょう。目撃者からの相談件数は年々増加しています。背景にはハラスメントに対する意識の高まりや、2022年の公益通報者保護法（※）改正が影響していると考えられ、職場のハラスメントの傍観者をなくすという意味で非常によい流れだと言えるでしょう。また、数は少ないものの「自分が加害者になっているかもしれない」と悩んで窓口を訪れる相談者もいます。自発的に窓口を訪れる人には自己変容をしようとするポジティブな意識があり、「話を聞いてほしい」という思いが強いので、真摯に悩みや主張を傾聴して、客観的な視点を交えた改善策を一緒に考えましょう。ポイントは窓口担当者が仲裁に入るよりも、本人に相手との関係性を改善してもらうことです。初期段階では被害者と推定される人にヒアリングをする必要もありません。状況に応じて部署の同僚・上司に仲介役を依頼するなど、あくまでもサポート役に徹しましょう。

職場のハラスメントは傍観すると連鎖し、放置するとエスカレートして組織にダメージを与え続けます。「ハラスメント=リスク」と考え、見て見ぬふりを許さない一人ひとりの心がけが、従業員や会社を守ることにつながります。

COLUMN

研修トレーナーの仕事は自分の成長につながるポジティブ体験

他者に変化のきっかけを与え、その成長に携わる研修トレーナーの仕事は、とてもやりがいにあふれています。私自身も講師として、ハラスメントへの意識が高まり組織風土が大きく改善される企業をたくさん見てきました。「ハラスメントのない職場や組織を作る」という使命と責任が伴いますが、その分だけ、研修をきっかけに悩みが解消されたり、自己改革に取り組もうとする人や組織を見たときの喜びはひとしおです。

“人や組織はいつでも変わることができる”。研修トレーナーはその“信念”を持ち続けることが大切です。人や組織がよい方向に変化していく姿に立ち会うことは、私の職業人生にとって重要なポジティブ体験となっています。伝える側に立つことで新たに見えてくるものもあります。

何より研修トレーナーの仕事は、「自分も変われるんだ」という意識変容への“気づき”を与え、職務上のキャリアアップや1人の人間としての成長を後押ししてくれます。

資料

第3章で紹介したレジュメや
ワークシートの関連資料をまとめました。
必要に応じてご活用ください。

伝わりやすい資料例（p121）

ハラスメントのリスクとは

◉被害者が被るダメージ

①「士気の低下」「能力発揮に支障」
②「心の健康を害する」
③「不調」「休職」「退職」「PTSD」「自殺」

◉加害者が被るダメージ

①「懲戒処分等によるキャリアへの影響」
②「加害者に対する会社や周囲からの信頼の失墜」
③「加害者としての法的責任」

◉傍観者が被るダメージ

①「ハラスメントを見聞きすることでの士気の低下」
②「見ていて何もできないことによる心身への影響」
③「見て見ぬふりをすることで加担者へ」

ハラスメントのリスクとは

◉組織が被るダメージ

①「組織風土の悪化」「周囲の士気低下」
⇒ 雰囲気の悪い職場

②「退職者、メンタル不調者」
⇒ 人材喪失

③「SNSなどでの情報の広がり」
⇒ 企業イメージの悪化、採用力の低下

④「組織の法的責任」
⇒ 行政指導、訴訟（多額の損害賠償請求など）

⑤「組織価値の失墜」
⇒ 取引停止、不買運動、株価の低下、
「劣悪な環境にある企業」のレッテルが定着

レジュメを2つに分けると読みやすくなる

自他尊重の伝え方を考えよう（p143）回答例

部下に作成した資料の修正を依頼するとき

「あなたの資料には具体例がなく説得力がありません。
このままでは提出できないので明日までにやり直してください」

ヒント　相手は言われたことは理解しつつも、傷つくこともあります。

資料作成ありがとう。かなりできましたね。
具体例を足すと説得力が増すと思うよ。
そこを意識して作り直してもらえますか？
分からないことがあれば聞いてください。

相談窓口活用の案内資料例（p145）

ハラスメントを受けたと感じたときは

① 相手に自分の状況、気持ちと要望を伝えましょう。

例）〇〇についてよく分からないところがあります。
進め方を教えてもらえますか？

例）今、立て込んでいて〇〇時からですと大丈夫ですが、いかがでしょうか？

例）私は〇〇のように考えていますが、いかがでしょうか？

② 自分自身のコミュニケーションのあり方も振り返ってみましょう。

③ 1人で悩まず、相談しましょう。

連絡先
ハラスメント相談窓口（人事部）
sodan@〇〇.co.jp　　対応時間 10：00〜18：00
★あなたの同意を得ないまま、内容を口外することはありません。

連絡先を入れておくとよい

〈SAMPLE〉
ハラスメント
防止研修資料構成
2時間研修版

※研修用のスライドのベースとしてご活用ください。

1

スライド表紙（P114、P115参照）

ハラスメント防止研修

誰もが働きやすい
職場づくりのために

▼

2

スライド目次（P115参照）

1. ハラスメントとは
2. ハラスメントと適切な指導の違い
3. より良いコミュニケーションのために

▼

3

1．ハラスメントとは
ワーク①チェックリスト（P117～P119参照）

▼

4

なぜハラスメントは防止が重要か
（P120～P123参照）

5

ハラスメントとは
（P12、P13、P26～P33、P124、P126～P129参照）

・セクシュアルハラスメントとは
・マタニティハラスメントとは
・介護に関わるハラスメントとは
・パワーハラスメントとは

▼

6

最近、気になるハラスメント（P13参照）

ロジックハラスメント、
リモートハラスメント等
（社内実態に応じて紹介）

▼

7

2.ハラスメントと適切な指導の違い
ワーク②ケース・スタディ（P130～P132参照）

▼

8

事例紹介
（社内実態に応じてグレーな事例を紹介）
（P34～P77事例参照）

例　時間外の不必要な連絡
　　言い方やメールの文章がきつい

▼

9

ハラスメントの“芽”
（P22～P24、P132、P133参照）

・時代の変化
・伝える側と受け取る側の認識のずれ

10
ハラスメントを引き起こすもの
(P20～P23、P34～P77事例参照)
- 加害者の意識の希薄さ
- 思い込み

▼

11
指導とハラスメントの違い
(P31、P32、P133参照)
- 適切な指導は必要
- 行為や行動への指導は必要だが、人格への言及はハラスメントに

▼

12
パワハラとコミュニケーション不足の関係
(P20、P21、P138、P139参照)
- パワハラの背景にはコミュニケーション不足あり

▼

13
3. より良いコミュニケーションのために
ワーク③リフレーミング練習
(P134～P137参照)

▼

14
アサーティブなコミュニケーション
(P78、P139～P143参照)
- より良い伝え方のコツ

15
ハラスメント防止のために
(P145、P146、P189参照)
- ハラスメントをしないために
- ハラスメントを受けたと感じたとき
- ハラスメントの相談があったとき

▼

16
ワーク④自分の振り返り
(P144、P145参照)
尊重・共感のある職場づくりを一人ひとりで実践しよう

▼

17
質疑応答(P166、P167参照)

○厚生労働省（2021年）
『令和2年度厚生労働省委託事業　職場のハラスメントに関する実態調査報告書』東京海上日動リスクコンサルティング

○加藤貴之（2020年）
『人事・総務担当者のためのハラスメント研修 設計・実践ハンドブック』日本法令

○水谷英夫（2020年）
『予防・解決　職場のパワハラ　セクハラ　メンタルヘルス』日本加除出版

○野原蓉子（2020年）
『改訂増補　パワハラ・セクハラ・マタハラ相談はこうして話を聴く—こじらせない！職場ハラスメントの対処法ー』経団連出版

○津野香奈美（2023年）
『パワハラ上司を科学する』筑摩書房

○樋口ユミ（2022年）
『働きやすい職場を作る「パワハラ」管理職の行動変容と再スタート～ハラスメント行為者個別対応実例集～』第一法規

○厚生労働省（2020年）
「職場におけるハラスメント関係指針」
https://www.no-harassment.mhlw.go.jp/pdf/harassment_sisin_baltusui.pdf

○厚生労働省（2020年）
「令和2年労働施策総合推進法の改正（パワハラ防止対策義務化）について」
https://jsite.mhlw.go.jp/hokkaido-roudoukyoku/content/contents/000756811.pdf

○国際労働機関（2021年）
「暴力とハラスメントに対処する初の国際条約が間もなく発効」
https://www.ilo.org/tokyo/information/pr/WCMS_806940/lang--ja/index.htm

○厚生労働省（2022年）
「令和3年度個別労働紛争解決制度の施行状況を公表します」
https://www.mhlw.go.jp/content/11909000/000959370.pdf

○厚生労働省（2023年）
「あかるい職場応援団」
http://www.no-harassment.mhlw.go.jp/

おわりに

セクハラ防止が男女雇用機会均等法に明記されたのは1999年のことです。パワハラ防止はようやく2020年に義務化されたばかりで、ハラスメントのことは分かってはいるけれど正確な理解はできていない、またはどこか他人ごとであるという〝人〟や〝組織〟も多いものです。

そのなかで、本書を手に取ってくださった読者の方は、ハラスメント防止を前向きに進めていこうという会社、組織のキーパーソンとなる人であるように思います。

ハラスメント防止研修でよくあるのが、研修をしたからそれでよいとイベントのようになってしまうことです。ハラスメント防止研修は何年にもわたって継続的に行うことで、ようやく経営層や従業員の意識に浸透し、ハラスメント防止が当たり前になっていくものです。

また、ハラスメント防止研修を継続すれば問題となるハラスメント事案は必ず出てきます。研修トレーナーの方が事案解決の担当者ならそれに逃げることなく向き合い（双方の話を聞く、問題言動には注意をする）、担当者ではなくても、ともに連携をしっかり取って出てきた問題に必ず対応することが大切です。

①ルールを決める。経営層から発信する、②問題言動は許さない。具体的に指導をする、③声を出しやすくするための相談体制を整える、④全体の底上げをするための研修をするなど、ハラスメント防止研修は「総合的なハラスメント防止対策」のための一つのピースでもあるのです。「研修したからそれでOK」とならないように総合的な観点で防止に取り組んでいただきたいと思います。

受講者が楽しいと思い、前向きに取り組む研修は長く続いていきます。そのような会社は面白いことに、ハラスメントが0にならなくても相手を尊重した組織風土に変化していきます。それは研修トレーナー、経営層や関係部署の皆様の〝本気〟がポイントになると思います。

本書を読みつつ、研修内容がおおよそ決まってきたとほっとしてくだされば、筆者としてこれ以上嬉しいことはありません。

朝日新聞出版の齋藤麻紀子さん、藤井智子さん、加藤徹さん、イラストを描いてくれたサトウリョウタロウさんの支えがあってのこの書籍です。心より感謝いたします。

最後に、これまで出会ってきた、日々奮闘していらっしゃる多くの研修トレーナーや専門講師の皆さんにエールを送るとともに、一緒に研修に取り組んできたことへの感謝を伝えたいと思います。

ヒューマン・クオリティー代表取締役　樋口ユミ

樋口ユミ

1993年立命館大学産業社会学部卒業。同大学職員としてキャリアセンター（就職部）にて女子学生と女性の卒業生のキャリア支援に携わると同時に、セクシュアル・ハラスメント相談員としての業務も行う。その後、教育研修会社でのコンサルタントを経て、2008年に株式会社ヒューマン・クオリティーを設立。これまでの豊富な経験をもとに、ハラスメント防止対策の専門機関として企業・官公庁・学校・病院等、あらゆる組織を対象に活動している。講演・研修だけでなく、防止体制づくりのサポート、ハラスメント問題解決のための人事担当者へのアドバイス、管理職面談、相談者へのカウンセリングや行為者面談など、活動範囲は多岐にわたる。『ハラスメント時代の管理職におくる　職場の新常識』（朝日新聞出版）、『働きやすい職場を作る「パワハラ」管理職の行動変容と再スタート』（第一法規）、『パワハラ管理職　指導できない管理職　人事が直面する職場トラブル』（第一法規）など、ハラスメント防止関連の著書多数。

○カバー・本文デザイン・DTP　弾デザイン事務所（渋澤 弾／大庭早奈恵）
○カバー・本文イラスト　サトウ リョウタロウ
○編集協力　加藤　徹

人事担当者のための
ハラスメント防止研修ハンドブック
ハラスメント防止研修の準備 実践 研修後まで

2023年12月30日　第1刷発行

著者・発行者　樋口ユミ（ヒューマン・クオリティー代表取締役）
制　作　朝日新聞出版（メディアプロデュース部）
販　売　朝日新聞出版
〒104-8011　東京都中央区築地5-3-2
03-5541-8777（編集）
03-5540-7793（販売）

印刷・製本　株式会社サンニチ印刷

ISBN978-4-02-100315-8